MEMOIRE

OÙ L'ON ÉTABLIT LE DROIT

DES

ABBÉS GÉNÉRAUX DE S. ANTOINE,

DE PRÉSIDER AUX ÉTATS DE LA PROVINCE
de Dauphiné, en l'abſence de M. l'Evêque de Grenoble :

ET

DE SIÉGER AU PARLEMENT DE LA MÊME PROVINCE,
EN QUALITE' DE CONSEILLERS NE'S :

ET OÙ L'ON TROUVE

Une idée générale & abrégée de l'Origine de l'Ordre de
S. ANTOINE, de ſes progrès, & des grands Hommes
qu'il a donnés à l'Egliſe, & à l'Etat.

Imprimé a Lyon, en 1746.

SOMMAIRE.

A ij

de Viennois. 13. De Hugues de Chateauneuf, Conseiller d'Etat. 14. De Falco de Montchenu. 15. D'Arthaud de Grandval. 16. De Jean de Poley. 17. De Humbert de Brion. 18. De Benoit de Monferrand, Archevêque de Tarentaise. 19. De Jean Joguet, Ministre de France à Rome. 20. D'Antoine de Roquemaure, Ambassadeur en Cour de Rome. 21. De Pierre de l'Aire. 22. De Théodore de saint Chaumont, Ministre des Ducs de Lorraine, & Inquisiteur de la Foy. 23. De François, Cardinal de Tournon. 24. De François & de Loüis de Langeac. 25. D'Antoine Tolosani, & d'Antoine Brunel de Grammont, Réformateurs de l'Ordre de S. Antoine. 26. Cet Ordre a été fertile en grands Hommes. 27. Récapitulation de ce qui a été dit. 28. On prouve que les Abbés de S. Antoine ont droit de présider aux Etats de Dauphiné. 29. Prémiére preuve, tirée du témoignage d'Aimar Falco sur l'an 1305. 30. Seconde preuve, tirée du témoignage de M. François Marc, en ses Décisions. 31. Troisiéme preuve, tirée du Statut solemnel d'Humbert Dauphin du 14. Mars 1349. confirmé par Charles V. Roi de France, au mois d'Août 1367. 32. Quatriéme preuve, tirée des Régistres des Assemblées des Etats de Dauphiné. 33. M. de Crequi, Gouverneur de la Province, écrit à l'Abbé de S. Antoine, & l'invite à se rendre aux Etats

de 1627. *pour y préfider.* 34. *Confirmation de ce droit ,
par le Roi Loüis X III.* 35. *Récapitulation des preuves que
l'on vient de rapporter.* 36. *Les Titres , qui prouvent que
l'Abbé de S. Antoine a droit de préfider aux Etats ,
forment un préjugé en fa faveur , à l'egard de la qualité
de Confeiller né au Parlement de Grenoble.* 37. *Le prémier
Abbé de S. Antoine Aimon de Montagny a été du
Confeil des Princes Dauphins.* 38. *On prouve que l'Abbé
de S. Antoine a droit de fiéger au Parlement de Dauphiné , comme Confeiller né.* 39. *Prémiére preuve , tirée
de la Chartre d'Erection du Confeil Delphinal, de l'an* 1337.
40. *Seconde preuve , tirée du Statut folemnel de* 1349.
41. *Troifiéme preuve , tirée des Lettres Patentes , accordées à l'Abbé de S. Antoine , par le Roi Charles VI.
en* 1382. 42. *Quatriéme preuve , on rapporte une longue
fuite de Titres , où les Abbés de S. Antoine font qualifiés de Confeillers , & par lefquels il appert , qu'ils en
ont exercé les fonctions.* 43. *Raifons qui difpenfent l'Abbé
de S. Antoine de produire un plus grand nombre de
Titres.* 44. *Le droit de féance au Parlement de Grenoble a
été confirmé aux Abbés de S. Antoine , avec d'autres ,
par Lettres Patentes de Loüis X III. en* 1636. 45. *Suite
des raifons qui ont pû empêcher les Abbés de S. Antoine*

d'exercer le droit de féance pendant quelque tems. 46. On ne pourroit oppofer à l'Abbé de S. Antoine aucune raifon légitime, pour lui refufer l'entrée au Parlement de Dauphiné, s'il fe préfentoit aujourdhui pour y fiéger. 47. Ce ne feroit pas une nouveauté. 48. Cet exemple ne pourroit pas tirer à conféquence. 49. Les Abbés de S. Antoine n'ont fiégé au Parlement de Dauphiné, qu'en cette qualité, & non comme Confeillers d'Etat, Miniftres d'Etat, ou comme Ambaffadeurs. 50. Ils n'ont pas fiégé, en vertu de quelques commiffions particuliéres. 51. Ils ont droit à la voix déliberative, comme à la voix inftructive. 52. Ils pourroient prétendre les mêmes Emolumens que les autres Confeillers. 53. Il feroit aifé, en les recevant de régler le rang qui leur convient. 54. On obferve que plufieurs Parlemens du Royaume voient fiéger avec plaifir les prémiers Abbés de leur Reffort.

Fin du Sommaire.

MEMOIRE

OÙ L'ON ÉTABLIT LE DROIT

DES

ABBÉS GÉNÉRAUX DE S. ANTOINE,

De préfider aux Etats de la Province de Dauphiné , en l'abfence de M. l'Evêque de Grenoble :

Et de fiéger au Parlement de la même Province , en qualité de Confeillers nés :

Et où l'on trouve une idée générale & abrégée de l'Origine de l'Ordre de SAINT ANTOINE, de fes progrès , & des grands Hommes qu'il a donnés à l'Eglife , & à l'Etat.

L ES deux prérogatives , qui font l'objet de ce Mémoire , & qui confiftent au droit de préfider aux Etats de la Province de Dauphiné , & de fiéger au Parlement de Grenoble , ont été accordées aux

I.
Fondement du droit acquis aux Abbés de S. Antoine à la Pré-

Abbés Généraux de l'Ordre de S. Antoine par les Princes Dauphins de Viennois, & par les Rois de France
leurs Succeſſeurs, en conſideration de la ſplendeur de cet
Ordre, de l'antiquité & de la nobleſſe de ſon origine,
du mérite perſonnel de ſes Chefs & de ſes Membres,
& des ſervices importans, que les uns & les autres ont
rendus à l'Egliſe, à l'Etat, & au Public.

C'eſt pourquoi, avant que d'expoſer aux yeux du Lec-
teur les Monumens authentiques, qui prouvent le double privilége attaché à la dignité d'Abbé Général de
l'Ordre de S. Antoine; on ne peut ſe diſpenſer d'en dé-
velopper le principe & le fondement; c'eſt-à-dire, de
rapporter en peu de mots ce que l'Hiſtoire nous apprend
des commencemens, du progrès, & de l'entier établiſſement de l'Ordre de S. Antoine.

(a) L'Ordre de S. Antoine a pris naiſſance dans le on-
ziéme ſiécle, à l'occaſion du Corps de Saint Antoine,
qui fut apporté en Dauphiné par Joſſelin Alamand, iſſu
des Comtes de Poitiers, de l'illuſtre Maiſon de Touraine.
Ce Seigneur avoit entrepris, par un eſprit de piété, le
voyage de la Terre Sainte. En revenant de ce Pélérinage,
il paſſa à Conſtantinople : C'eſt là que les Reliques de
Saint Antoine avoient été transférées d'Alexandrie d'E-
gypte dès le huitiéme ſiécle. Joſſelin n'en fut pas plûtôt
inſtruit, que mû d'une dévotion particuliére envers ce Pa-
triarche des Cénobites, il conçut le deſſein de demander
à l'Empereur ſes précieuſes dépoüilles : Et il eut aſſés de

crédit, pour les obtenir vers l'an 1070. Dépoſitaire de
ce Tréſor, il y mit toute ſa confiance : Suivant l'uſage
de ces ſiécles reculés, il le portoit dans tous ſes voyages,
& dans toutes les expéditions militaires qu'il entreprenoit.
Mais le Souverain Pontife & les Evêques de la Province
de Dauphiné, dont il étoit originaire, & où il poſſédoit
de grands biens, lui ayant fait ſentir l'indécence de cette
conduite, Joſſelin obéit aux ordres, qu'ils lui intimérent
d'expoſer ces ſacrées Reliques à la vénération publique,
dans

(a) Aimar Falco, part. 2. Hiſt. Antonian.

dans un lieu propre à cet ufage. Il choifit pour cela la petite Ville de la Mothe Saint Didier, dont il étoit Seigneur, & commença dès-lors à y jetter les fondemens de la magnifique Eglife de S. Antoine, qui fubfifte encore aujourdhui dans toute fa beauté.

Dans le même tems l'Europe fut frappée de ce fleau terrible, & incurable à tout l'art de la medecine, connu fous le nom de *Sidération*, ou de *Feu facré*. Saint Thomas l'appelle Feu infernal. *Ignis infernalis* ; parceque les ardeurs dévorantes, dont il pénétre les malades, qui en deviennent les triftes victimes, femblent avoir quelque rapport à l'activité des flammes éternelles. On a encore donné à cette horrible maladie le nom de *Feu de Saint Antoine* ; parceque l'interceffion de Saint Antoine étoit le feul remede capable d'en arrêter les funeftes effets : C'eft pour cela, que ceux qui en étoient attaqués, venoient en foule à la petite Ville de la Mothe, réclamer la protection de ce grand Saint. Cette invocation étoit fuivie d'une guérifon prompte & miraculeufe, comme l'atteftent tous les Hiftoriens contemporains, & après eux, le Cardinal Baronius dans fes Annales Eccléfiaftiques, *ad annum* 1089. & Aimar Falco dans fon Hiftoire de l'Ordre de S. Antoine, *Part.* 2. *chap.* 11.

1089.

Le bruit de ces prodiges fe répandit bien-tôt dans tout l'Occident ; le nombre des malades, atteints du Feu facré, qui recouroient à l'interceffion de Saint Antoine dans la petite Ville de la Mothe, devint exceffif. Les habitans du lieu ne pouvoient pas les loger tous, & ils étoient obligés de les laiffer expofés aux injures de l'air.

Dans ces circonftances, deux riches Gentilshommes d'une des prémiéres Maifons de Dauphiné, Gafton & fon fils Gerin, prirent la généreufe réfolution, de pourvoir aux befoins de tant de malheureux ; & fe dévoüant tout entiers à cette œuvre de charité, ils confacrérent au fervice de ces pauvres malades leurs biens & leurs perfonnes. Sept autres Gentilshommes de la même Province fe joignirent aux deux prémiers, animés par leur exemple ;

Il doit fon Inftitution à des Gentilshommes, diftingués de la Province qui en ont été les prémiers Profeffeurs.

& firent bâtir, de concert, dans la petite Ville de la Mothe un Hôpital, où ils reçûrent tous les malades de l'un & de l'autre sexe, attaqués du feu de S. Antoine. C'est à ces illustres Hospitaliers, que l'Ordre de S. Antoine est redevable de son Institution. Ils en ont été en même tems les Fondateurs, & les prémiers Professeurs. Les Historiens fixent l'époque de cet événement à l'an 1095. sous le Pontificat d'Urbain II.

1095.
4.
Ses accroissemens.

Le nouvel établissement devint bientôt l'objet d'une pieuse émulation, non seulement dans le Dauphiné ; mais encore parmi la Noblesse la plus distinguée des Provinces voisines ; d'où cette prémière flamme, allumée par la charité, se communiqua dans tous les Etats & Royaumes du monde Chrétien. Comme la maladie du feu sacré regnoit par tout ; par tout on s'empressa de lui opposer pour digue, les soins charitables des Hospitaliers de S. Antoine. Dès le douziéme siécle, cette Société eut des établissemens en France, en Allemagne, en Italie, en Espagne, en Angleterre, en Ecosse, en Hongrie, en Lorraine, en Savoye, en Piedmont, & même au-delà des mers, comme à Saint Jean d'Acres, à Constantinople, dans l'Isle de Chypre, dans la Morée, & jusques dans l'Afrique.

5.
La prémiére forme de son Gouvernement.

Gaston, en qualité de Chef d'une entreprise, que Dieu avoit favorisée d'un si heureux succès, fut obligé de prendre le gouvernement général des Hospitaliers : on lui donna le nom de Grand Maitre ; sous ce titre il étendit ses soins, & sa vigilance à toutes les Maisons, dont on vient de parler : Elles reconnurent pour Chef-lieu la petite Ville de la Mothe, qui perdant son ancien nom, avoit pris celui du Patron qu'on y invoquoit : Toutes ces Maisons devinrent autant de Commanderies, qu'on divisa en Générales & en Subalternes : Les Générales relevoient immédiatement de celle de la Ville de S. Antoine, dont le Grand Maitre étoit Titulaire : Les Subalternes relevoient des Générales. Les Hospitaliers s'assujettirent à une vie commune & uniforme ; & pour la marque extérieure de leur Profeſſion, ils mirent un *Tau Grec* ſur leurs habits : C'eſt cette marque, que les Chanoines Réguliers de l'Ordre de S. Antoine, leurs Succeſſeurs, portent encore aujourdhui.

La forme de Gouvernement, que l'on vient de décrire, ſubſiſta pendant plus de deux ſiécles. Dix-ſept Grands Maitres ſe ſuccédérent les uns aux autres durant cet intervalle : Ils furent tous d'une Nobleſſe diſtinguée : Et pour le prouver, il ſuffit d'en rappeller les noms.

6. Liſte des Grands Maitres qui l'ont gouverné pendant plus de deux ſiécles.

1. Gaſton, qu'Aimar Falco 2. part. c. 33. appelle *Vir Nobiliſſimus.*

(*a*) 2. Etienne.

   3. Nautelme Soffrey.

   4. Guillaume de Roux, *Ruſi.*

   5. Pierre Soffrey, neveu de Nautelme.

   6. Bruno de Sens.

   7. Falco.

(*b*) 8. Etienne II.

   9. Falco de Matthionis.

  10. Guillaume Soffrey.

  11. Ponce de Roux.

  12. Joſſelin de la Tour.

  13. Guillaume de Parnanc.

  14. Guillaume de Bonis.

  15. Guillaume Daniel de Roux.

(*c*) 16. Etienne III.

  17. Aimon de Montagny, originaire de la Province de Lyonnois.

Il faut obſerver ici que les Gentilshommes, qui ſe conſacroient au ſervice des malades du feu de S. Antoine, ne deſſervoient pas l'Egliſe, dans laquelle ſon Corps étoit conſervé. Cette Egliſe, dont nous avons vû, que Joſſe-

7. Changement conſidérable, arrivé dans l'Ordre de S. Antoine, ſous le 17. Grand Maitre.

(*a*) Le ſurnom du ſecond Grand Maitre n'eſt pas marqué dans l'Hiſtorien de l'Ordre de S. Antoine ; mais il n'y a pas de doute, qu'il ne fut d'une famille très-noble ; puiſque les Hoſpitaliers, qui l'élevérent au Gouvernement général, étoient tous Gentilshommes,

(*b*) Le ſurnom d'Etienne II. n'eſt pas connu.

(*c*) L'Hiſtorien n'aſſigne pas le ſurnom d'Etienne III. non plus que des deux autres. D'où l'on peut, ce ſemble, conjecturer, qu'Etienne a été le nom propre d'une famille illuſtre de Dauphiné.

lin avoit jetté les premiers fondemens, n'avoit été ache-
vée, par les foins de Guigues Didier fon héritier & fon
Parent, que vers l'an 1119. qui eft l'époque de fa con-
fécration par Callixte II. Elle fut confiée aux foins des
Bénédictins; & devint un Prieuré de leur Ordre, dépen-
dant de l'Abbaye de Mont-Majour. Les chofes demeuré-
rent en cet état jufques en 1297.

1119.

1297.

Cette année (1297.) eft célèbre dans les Faftes de
l'Ordre de S. Antoine, par le changement confidérable, qui arriva pour lors dans fa Conftitution. Aimon de
Montagny, dix-feptiéme Grand Maître, confidérant, que
la maladie du feu de S. Antoine n'étoit plus fi fré-
quente qu'autrefois ; & que l'objet principal qui avoit
donné lieu à l'établiffement des Hofpitaliers, cetferoit peut-
être un jour entièrement, prévint fagement la diffipation
de fon Ordre, par la demande, qu'il fit au Souverain Pontife, d'une nouvelle forme de Conftitution, qui, fans faire
perdre de vûë la fin primordiale de l'Inftitut des Hofpitaliers de S. Antoine, les attachat plus particuliérement
au Culte Divin, & aux fonctions Eccléfiaftiques, qui font
perpétuelles de leur nature.

8.
Les Hofpi-
taliers de S.
Antoine de-
viennent
Chanoines
Réguliers, &
le Chef-lieu
eft érigé en
Abbaye.

La demande étoit jufte & raifonnable : Auffi Boniface
VIII. qui occupoit la Chaire de Saint Pierre, accorda-
t'il aux Hofpitaliers de S. Antoine, la qualité de Chanoines Réguliers de Saint Auguftin, dont ils fuivoient déja la Régle. Et comme Aimond de Montagny avoit en-
gagé les Bénédictins à lui céder le Prieuré de S. Antoine, moyennant une penfion confidérable, & des Terres données en échange ; par une feule & même Bulle,
le Pape, après avoir confirmé cette Tranfaction, unit à
perpétuité à la Maifon Hofpitaliére fondée par Gafton,
l'Eglife & le Prieuré, qu'il érigea en même tems en
Abbaye Chef-lieu de l'Ordre de S. Antoine.

9.
Les Abbés
de S. Antoi-
ne ont été re-
commanda-
bles par leur

On ne parlera point de toutes les marques d'illuftra-
tion, que cet Ordre a reçuës en différens tems. Ce détail nous méneroit trop loin. On peut le voir dans Aimar
Falco. Il fuffira d'obferver, que depuis Aimon de Mon-

tagny jufques au fiécle où nous vivons, la place d'Abbé de S. Antoine a prefque toûjours été remplie par des perfonnes de la prémiére diftinction, & d'un fingulier mérite. Tels furent Ponce d'Alérac, Guillaume Mitte de Chevriéres, Pierre Lobet, Ponce Mitte neveu de Guillaume, & Bertrand neveu de Ponce ; Geronte & Hugues de Chateauneuf, Falco de Montchenu, Arthaud de Grandval, Jean de Poley, Humbert & Antoine de Brion, Benoit de Montferrand, Jean Joguet, Antoine de Roquemaure, Pierre de l'Aire, Théodore de Saint Chaumont, Antoine de Langeac, Jaques de Joyeufe, François Cardinal de Tournon, François & Loüis de Langeac, Antoine Tolofani, Antoine Brunel de Grammont, &c.

naiſſance, & par leur mérite perſonnel.

Si les Abbés de S. Antoine ont été recommandables pour la plûpart, par l'éclat de leur naiffance ; on peut dire qu'ils n'ont pas été moins illuftres, par les fervices qu'ils ont rendus à l'Eglife & à l'Etat : Ce n'eft pas fortir de nôtre fujet, que de marquer ici en peu de mots, ce qu'ils ont fait de plus confidérable, en faveur de la Réligion & de la Patrie.

10. Services qu'ils ont rendus à l'Egliſe & à l'Etat.

En procurant aux Hofpitaliers de S. Antoine le titre & la qualité de Chanoines Réguliers, Aimon de Montagny a donné à l'Eglife un Corps nombreux de Miniftres zélés, qui, fans oublier les fervices corporels, qu'ils étoient obligés de rendre aux malades du Feu facré, par les engagemens de leur prémiére Profeffion, ont étendu leur charité à tous les fervices fpirituels, dont les Corps Réguliers font capables. Ils s'acquittérent de ces fonctions diverfes, avec tant d'édification, que le Pape Boniface VIII. crût ne pouvoir confier à de meilleures mains le foin d'adminiftrer les Sacremens aux Prélats de fa Maifon. Il attribua à l'Ordre des Chanoines Réguliers de S. Antoine la charge d'ames des perfonnes de fa fuite. Ceux, qui l'exerçoient par commiffion de l'Abbé de S. Antoine, portoient le nom de Prieurs de la Cour Romaine ; & le Jurifconfulte Oldradus prétend que les Cardinaux étoient, en ce fens, foûmis à leur Jurifdiction. Cet hono-

11. Le prémier Abbé Aimon de Montagny a donné à l'Egliſe un Corps nombreux de Chanoines Réguliers, parmi leſquels on choiſiſſoit les Prieurs de la Cour Romaine.

rable emploi fut fupprimé à l'occafion du Schifme du quinziéme fiécle.

1337.
11.
De Guillaume Mitte, & de Pierre Lobet Confeiller, & Sécrétaire d'Etat des Dauphins de Viennois.

Guillaume Mitte, troifiéme Abbé de S. Antoine, fut créé par Lettres Patentes du 22. Janvier 1337. Chef du Confeil Souverain, établi en Dauphiné : C'eft ce Confeil, qui dans la fuite des tems a été érigé en Parlement à Grenoble. Pierre Lobet, Succeffeur de Guillaume Mitte, prémier Confeiller, par fa qualité d'Abbé de S. Antoine, & Sécrétaire d'Etat de Humbert Dauphin de Viennois, contribua beaucoup, par fes foins & par fes confeils, à la Donation, que ce Prince fit de fes Etats à Philippe de Valois, le 30. Mars 1349.

1349.
12.
De Hugues de Chateauneuf Confeiller d'Etat.

Hugues de Chateauneuf, huitiéme Abbé, s'acquit tant de réputation par fa vertu, & par fa fcience, que le Roi l'admit dans fon Confeil d'Etat : C'eft fous cet Abbé que la Ville de Florence donna à l'Ordre de S. Antoine une marque finguliére de fon eftime, en prenant fous fa protection fpéciale, les perfonnes & les biens qui en dépendent. Le Décret eft de l'an 1412. On y fait défenfes, fous

1412.

de griéves peines, à tous & un chacun des Citoyens, de propofer rien de contraire aux intérêts de cet Ordre. L'Empereur Sigifmond, par un Diplôme de l'an 1415. accorda auffi de grands Priviléges à l'Ordre de S. Antoine, en confidération du mérite éminent de Hugues de Chateauneuf.

14.
De Falco de Montchenu.

Son Succeffeur Falco de Montchenu fut l'un des plus habiles Théologiens de fon tems ; c'eft pour cela que le Chapitre Général de l'Ordre, avant qu'il fut Abbé, le nomma fon Député, conjointement avec Robert de S. Aignan, pour affifter au Concile de Conftance.

15.
D'Arthaud de Grandval.

Arthaud de Grandval, dixiéme Abbé, fut dans une grande confidération auprès de Martin V. Ce Souverain Pontife, qui venoit d'être élu au Concile de Conftance ; fit le voyage de S. Antoine, & lui laiffa en partant fon bufte en marbre, comme un gage de fon eftime.

16.
De Jean de de Poley.

Jean de Poley, célébre par fa doctrine, & qui avoit affifté au Concile de Conftance, de la part du Chapitre

Général de l'Ordre, fut choisi, pour remplir le Siége Abbatial, qu'il n'occupa que très peu de tems.

Le douziéme Abbé de S. Antoine, Humbert de Brion, eut part à l'estime, & aux faveurs d'E   ˷ne IV. qui lui donna le pouvoir, d'établir dans l'Egli˷e de S. Antoine deux grands Pénitenciers, pour absoudre les Pélerins de tous les Cas refervez.

Benoit de Montferrand, qui lui fuccéda, fut nommé à l'Evêché de Conftance par le Pape Paul II. mais divers incidens, l'ayant empêché de prendre poffeffion de ce Siége, le même Pontife le fit Archevêque de Tarentaife.

Les honneurs conférés à Benoit de Montferrand donnérent lieu à l'Election de Jean Joguet, qui étoit pour lors Miniftre du Roy Loüis XI. auprès du Souverain Pontife, à qui il ne fut pas moins agréable, qu'à fon Prince : C'eft de quoi le Pape lui donna une preuve honorable, en lui adreffant de fon propre mouvement une Bulle, par laquelle il déclare que l'on doit regarder les Commanderies de l'Ordre de S. Antoine, comme des Dignités : Et qu'en conféquence on pourra déléguer les Supérieurs de l'Ordre, pour prendre connoiffance des Caufes Eccléfiaftiques, dont l'examen leur fera renvoyé.

Le Roy Charles VIII. fit fervir au bien de l'Etat le rare génie, & les talens d'Antoine de Roquemaure, feizième Abbé de S. Antoine, en le nommant fon Ambaffadeur auprès du S. Siége.

Le mérite de Pierre de l'Aire lui valut, n'étant encore que Grand Prieur de l'Abbaye de S. Antoine, une place de Confeiller au Parlement de Grenoble, dont le Roy lui accorda des Lettres Patentes perfonnelles.

Théodore de S. Chaumont, dix-huitiéme Abbé de S. Antoine, a été prémier Miniftre des Ducs de Lorraine, René & Antoine fon fils. Son zéle pour la Réligion Catholique fut tellement connu des Souverains Pontifes Leon X. & Clement VII. qu'ils le nommérent Inquifiteur de la Foy. On peut voir dans l'Hiftoire du Diocéfe de Metz par Meuriffe, & dans la nouvelle Hiftoire de Lorraine par

17.
De Humbert de Brion.

18.
De Benoit de Montferrand, Archevêque de Tarentaife.

19.
De Jean Joguet, Miniftre à France à Rome.

20.
D'Antoine de Roquemaure, Ambaffadeur en Cour de Rome.

21.
De Pierre de l'Aire.

22.
De Théodore de S. Chaumont, Miniftre des Ducs de Lorraine, & Inquifiteur de la Foy.

D. Calmet, avec quel fuccès il s'acquitta de cet emploi.

1502.

L'Empereur Maximilien prémier lui donna en 1502. une marque éclatante de fon eftime; car il ordonna, par un Décret Impérial, que l'Ordre de S. Antoine fe ferviroit à l'avenir pour Armoiries, de l'Aigle éployée de fable en champ d'or, qui font les Armes de l'Empire, en y joignant un autre Ecuffon, chargé d'un Tau d'azur, auffi en champ d'or. *Ut inter cæteros Chriftiana Religionis ordines dignofceretur; & omnes Gentes, Ordinis Antoniani fublimitatem & claritatem intelligerent.* Ce font les termes du Diplôme, où l'Empereur rapporte, pour l'un des motifs de la Conceffion, " que les Sujets dont l'Ordre de S. An-
,, toine eft compofé, font communément iffus de Famil-
,, les nobles : Et que S. Antoine, Patron de cette Ré-
,, ligion, de même que fes Fondateurs, avoient eu des
,, Ancêtres très-diftingués par leur naiffance; qu'ainfi il
,, ne croyoit pas en trop faire, en lui donnant pour mar-
,, ques de Nobleffe, fes propres Blafons.

23.
De François,
Cardinal de
Tournon.

Le célèbre François Cardinal de Tournon fut le 21e. Abbé. Quand l'Ordre de S. Antoine ne pourroit s'attribuer d'autre gloire, que celle d'avoir produit un fi grand Homme, il auroit droit de fe flatter d'avoir affés bien mérité de l'Eglife & de l'Etat. On fçait qu'il fut Ambaffadeur de France en Italie, en Efpagne, en Angleterre, prémier Miniftre fous François I. & Miniftre d'Etat fous Henri II. François II. & Charles IX. Il foutint, avec un zéle & une fermeté admirables, les intérêts de la Réligion contre les nouvelles erreurs : Il détourna François I. du deffein qu'on lui avoit infpiré de faire venir Mélanchthon à la Cour; & il réprima l'infolence de Théodore de Beze, au Colloque de Poiffy.

24.
De François,
& de Loüis de
Langeac.

François de Langeac, frere de l'Abbé Antoine, gouverna l'Ordre après le Cardinal de Tournon, & fut remplacé par fon neveu Loüis. Ils furent témoins l'un & l'autre des maux, que le Calvinifme caufa à la France : Ils s'oppofèrent de toutes leurs forces aux progrès de l'héréfie dans le Dauphiné : Les Calviniftes s'en vengérent, par

les

les ravages qu'ils firent à S. Antoine : Ils s'emparérent de la Ville, brûlérent l'Abbaye, maſſacrérent des Réligieux à l'Autel, en firent pluſieurs priſonniers, & pillérent l'Egliſe. Les Supérieurs de l'Ordre furent diſperſés : La diſſipation du temporel fut la ſuite de ces déſaſtres.

Il étoit un reméde à ces maux, c'étoit de réünir, & de mettre en commun les revenus de l'Ordre, qui étoient conſidérablement diminués. L'Abbé Toloſani entreprit ce grand ouvrage ; & en poſa les prémiers fondemens. Il ſe rendit également célébre par ſa naiſſance, par ſa haute piété, & par ſon zéle contre les hérétiques, avec qui il a diſputé publiquement par écrit, & de vive voix. Comme il étoit originaire de la Province de Toulouſe, ſes Concitoyens l'ont placé parmi les Hommes illuſtres de leur Païs : & il eſt mort en odeur de ſainteté, le 11. Juillet 1615.

25.
D'Antoine Toloſani, & d'Antoine Brunel de Grammont, Réformateurs de l'Ordre de S. Antoine.

Antoine Brunel de Grammont, qui fut le Succeſſeur d'Antoine Toloſani, introduiſit la réforme, que celui-ci avoit projettée : Elle conſiſta uniquement à ſupprimer les Titres des Commandeurs, à appliquer leurs revenus à la Manſe commune, & à leur ſubſtituer des Supérieurs triennaux. Telle eſt la forme de Gouvernement, qui ſubſiſte encore aujourdhui parmi les Chanoines Réguliers de S. Antoine.

Il eſt inutile de parler des derniers Abbés : Leur mémoire eſt encore récente ; & l'on ſçait que les grandes qualités, dont ils ont été doüés, peuvent aller de pair avec celles de leurs Prédéceſſeurs. Mais comme rien n'eſt plus propre à relever le mérite des uns & des autres, que la connoiſſance des grands Hommes, qui ont été ſoûmis à leur gouvernement, on ne peut ſe diſpenſer d'en citer ici quelques-uns.

26.
Cet Ordre a été fertile en grands Hommes.

L'Ordre de S. Antoine ſe glorifie avec juſtice d'avoir eu deux Princes de la Maiſon de Savoye, Jean & Pierre, tous les deux fils d'Amédée III. & tous les deux morts en réputation de ſainteté : Il compte auſſi au nombre des Hommes illuſtres qu'il a produits, Antoine Trivulce,

C

Cardinal, qui s'acquitta en Italie de plusieurs négociations importantes, avec la même réputation, que le Cardinal de Tournon en France; Gaufredus, Archevêque de Turin; Guillaume de Rossillon, Evêque des Evêchés unis de Valence & de Die; Barthelemi de Montecalvo, Evêque de Beziers, décédé en odeur de sainteté; Emeric, Evêque de Montreal; Jean de Montchenu, Evêque de Viviers; Alamand, Evêque de Cahors; Charles de Seycel, Evêque & Prince de Genéve; Pierre Berthalis, Aumônier de la Reine; & de nos jours Michel Gabriel de Rossillion de Bernex, Evêque & Prince de Genéve, mort en 1734. dans une grande opinion de sainteté.

D'autres se sont distingués par leur habileté dans la Théologie, & le Droit Canonique, comme Pierre de Provins, Commandeur de Troyes; Pierre Faber, Grand Prieur de l'Abbaye; Guillaume de Guillonis; Odobert, Gautaret, &c.

Quelques-uns ont brillé par leurs talens pour la Chaire, & par la sainteté de leur vie, comme Antoine de Ravenne, à Milan; Pierre de Sanejean, en France. Il en est, qui se sont rendu célébres dans la République des Lettres, comme Aimar Falco, qui a écrit l'Histoire de l'Ordre en Latin, & qui a fait imprimer des traités contre les Calvinistes; Jean Buteo, Commandeur de Sainte Croix, qui a fleuri dans le seiziéme siécle, & qui a été regardé, comme l'un des plus grands Mathématiciens, & des plus profonds Jurisconsultes de son tems; Antoine du Saix, d'une des plus illustres Maisons de Bresse, qui a été Précepteur d'un Duc de Savoye, & s'est acquis de la réputation par ses Poësies Françoises, sous le regne de François prémier, sans parler d'une infinité d'autres, qui ont fait honneur à l'Ordre de S. Antoine dans l'Espagne, l'Allemagne, &c.

27. *Récapitulation de ce qui a été dit.* Voilà une idée abrégée de l'Ordre de S. Antoine, qui fait voir, combien cet Ordre est illustre par son antiquité, par sa noblesse, (*a*) par la fin de son Institut, qui est

-----

(*a*) Les derniers Statuts défendent encore aujourdhui d'y admettre aucune personne de basse extraction.

d'un côté le foulagement des pauvres malades, atteints du Feu facré : (a) & de l'autre le fervice du Public dans les fonctions fpirituelles, attachées à l'Etat de Chanoines Réguliers. Les Souverains Pontifes, les Empereurs, & les Monarques Chrétiens fe font fait un plaifir de le protéger, & de lui donner des marques de leur eftime, par les faveurs finguliéres, dont ils l'ont comblé ; mais comme il a pris naiffance en Dauphiné ; les Princes Dauphins, & après eux les Rois de France ; fe font particuliérement appliqués à le diftinguer, par les prérogatives honorables, qu'ils lui ont accordées. On peut dire, qu'en cela, ils ont travaillé pour leur propre gloire ; puifque la Province de Dauphiné, & la France entiére, tirent fans doute quelque luftre, de l'établiffement d'un Chef-d'Ordre François, qui étend fa Jurifdiction fur les Païs étrangers, & qui réfide toûjours en France.

Au refte ce qu'on a dit jufques ici fur l'origine, les progrès, l'état préfent de l'Ordre de S. Antoine, & fur la dignité de fes Abbés ; tout cela, dis-je, n'a point été dicté par un efprit d'oftentation, & ne doit pas non plus paroître hors d'œuvre : Il étoit néceffaire de montrer, que les deux prérogatives, qui font l'objet de ce Mémoire ; c'eft-à-dire, la Préfidence aux Etats de la Province, & la féance au Parlement de Dauphiné, tout honorables qu'elles font, n'ont pas été avilies, par la conceffion, qui en a été faite aux Abbés de S. Antoine. Il s'agit maintenant de rapporter les preuves de cette double conceffion. Commençons par la Préfidence aux Etats.

(a) On voit encore aujourdhui des malades du Feu de S. Antoine, qui font logés, nourris, & entretenus pendant toute leur vie, à l'Abbaye de S. Antoine.

C ij

PREUVES DU DROIT ACQUIS AUX ABBE'S
de S. Antoine, de préfider aux Etats de Dauphiné.

28.
On prouve que les Abbés de S. Antoine, ont droit de préfider aux Etats de Dauphiné.

1305.

LA poſſeſſion des Abbés de S. Antoine à l'égard de la Préſidence aux Etats de Dauphiné eſt très-ancienne. *Et hoc fuit obſervatum, etiam ab antiquo*, dit M. François Marc dans ſes Déciſions du Parlement de Grenoble : Elle eſt conſtatée, par le témoignage de cet Auteur, par celui de l'Hiſtorien de l'Ordre, Aimar Falco ; qui en fixe l'époque à l'an 1305. & enfin par les Régiſtres mêmes des Aſſemblées des Etats. On ne peut rien ajoûter à l'évidence, & à la certitude de ces preuves : Elles portent la conviction avec elles, & n'ont beſoin que d'une ſimple expoſition.

29.
Prémiére preuve, tirée du témoignage d'Aimar Falco, ſur l'an 1305.

Voici comment s'exprime l'Hiſtorien de S. Antoine, Aimar Falco, ſous l'année 1305. *part. 4. fol. 79. verſo*, de ſon Hiſtoire imprimée à Lyon, en 1534. chés Theobald Payen.

Nec prætereundum eſt ab eo tempore, propter ſummam hujuſce Monaſterii Sancti Antonii Viennenſis præſtantiam atque claritatem, ſpeciali quâdam prærogativâ, tùm Illuſtriſſimi Principis Delphini, tùm etiam Procerum totius Patriæ Delphinatûs, ſeu Viennenſis Provinciæ voluntate fuiſſe conceſſum : ut in Generalibus Comitiis, publicoque conventu, necnon Generali trium Statuum Congregatione ejuſdem Provinciæ, Reverendo Patre Gratianopolitano Epiſcopo abſente, ABBAS HUJUS MONASTERII SANCTI ANTONII Præſit, primumque Conſeſſum obtineat, & tanquam ipſorum Statuum vertex, Procerum, aliorumque aſſiſtentium vota, ſiſcitetur & colligat : quod ad hanc uſque diem (1534.) extitit obſervatum.

Voilà un témoignage clair & formel, qui remonte juſques à l'époque préciſe de la préſéance, accordée aux Abbés de S. Antoine, dans la tenuë des Etats. Ce n'eſt point Aimon de Montagny, prémier Abbé de S. Antoine, & qui vivoit en cette année 1305. Ce n'eſt point lui, dis-je, qui ſollicite la Préſidence aux Etats : Elle lui eſt dé-

férée de plein gré & du propre mouvement du Souverain, & des prémiers Seigneurs : Elle lui eſt accordée, en
conſidération de la place qu'il occupe : Il ne doit cet
honneur ni à ſon mérite perſonnel, ni à ſon origine ;
car il étoit de la Province de Lyonnois, mais à ſa qualité d'Abbé Général d'un Ordre illuſtre & célébre : C'eſt
ſous ce point de vûë, qu'on le regarde, comme la ſeconde perſonne de la Province ; & qu'on lui donne le
prémier rang, en l'abſence de l'Evêque de Grenoble. D'où
il ſuit que cette prérogative paſſe à ſes Succeſſeurs, qui
en joüiſſent conſtamment juſques au tems où écrivoit Aimar Falco. *Quod ad hunc uſque diem* (1534.) *extitit obſer-*
vatum, ajoûte l'Hiſtorien, en terminant ſon récit.

Cet Auteur rapporte la preuve de cet uſage au *fol.*
103. *recto* de la même partie 4°. de ſon Hiſtoire, où
parlant de Théodore de S. Chaumont ; il dit que cet Abbé, n'ayant pû ſe concilier les bonnes graces de la Nobleſſe de Dauphiné, pour des raiſons qu'il n'explique pas,
ob res quaſdam, (a) on voulut lui refuſer la Préſidence
aux Etats, qui s'aſſemblérent en 1503. mais Théodore
de S. Chaumont, en ayant porté ſes plaintes au Parlement de Grenoble, & ayant plaidé lui-même ſa cauſe,
fut maintenu dans ſon droit, par un Arrêt ſolemnel de la
Cour. *Theodorus Abbas prædictus, ab initio Nobilitati Patriæ*
Delphinatûs ob res quaſdam, parum admodùm gratus fuit. Quam-
obrem cùm aliquando apud Gratianopolim, de more totius Patriæ
Comitia haberentur, in quibus, Gratianopolitano Epiſcopo abſente,
primus Conſeſſus, qui Præſidentia vocatur, pro tempore præſentâ
ABBATI HUJUS MONASTERII ex antiquâ conſuetu-
dine deferri conſuevit ; is tamen locus ipſi Theodoro denegatus eſt :
quapropter apud Senatum, de illatâ ſibi ob eam repulſam inju-
riâ queſtus, ita præſens ſuam egit cauſam, ut publico perpe-
tuoque hujus Curiæ decreto, id honoris ABBATIBUS HUJUS
MONASTERII, haud dubiè competiſſe, & competere declaretur.

L'autorité d'Aimar Falco ne doit pas paroître ſuſpecte,

(a) On les verra expliquées, ces raiſons, dans la Déciſion 152. de M. François Marc.

C. iij

sous le prétexte qu'il étoit Réligieux de l'Ordre de S. Antoine; car dans les deux paffages, que nous avons cités, il raconte des faits publics, qui, loin d'être contestés, se trouvent au contraire appuyés par des Actes authentiques, par une Tradition uniforme, & par un Ecrivain étranger à l'Ordre; lequel eſt d'autant plus croyable, qu'il n'avoit d'autre intérêt à foûtenir, que celui de la verité; & qu'il étoit très-verſé dans la connoiffance des Loix, & des Uſages de la Province.

30. Seconde preuve, tirée du témoignage de M. François Marc, en ſes Décifions.

Cet Ecrivain, le même qu'on a déja nommé, eſt M. François Marc, Conſeiller au Parlement de Dauphiné, dans ſon Livre intitulé: *Nova Decifiones Supremæ Curiæ Parlamenti Delphinalis*, achevé d'imprimer à Grenoble chés Annemond Ambert, le 18. Novembre 1531. pour la prémiére partie; & le 25. Mars 1532. pour la ſeconde.

Au *fol.* 49. *recto* de la prémiére partie, Décifion 152. il ſe propoſe de décider, quel eſt l'uſage & la régle, qui s'obſerve dans l'Affemblée des Etats, par rapport à la préſéance, & au droit de conclure dans la fonction de Préfident des Etats. *Quæritur de modo antecedendi & concludendi in Officio Præfidentis trium Statuum præſentis Patriæ Delphinatûs?*

Il répond, que c'eſt à l'Evêque de Grenoble de préfider & de conclure, & en ſon abſence à l'Abbé de S. Antoine. *Hoc fuit obſervatum, etiam ab antiquo, quando in tribus ſtatibus Dominus Epiſcopus Gratianopolitanus eſt præfens, præcedit, & concludit, ut Præfidens trium Statuum; & in ejus abſentiâ, Dominus ABBAS S. ANTONII.*

Il fait enſuite mention du fait, rapporté ci-devant par Aimar Falco; c'eſt-à-dire, de l'oppofition faite aux Etats, lorſque Théodore de S. Chaumont y voulut fiéger, en qualité de Préfident, en l'Affemblée de 1503. il dévoile en même tems le motif de cette oppofition, qu'Aimar Falco n'a pas expliqué. On objectoit, dit-il, que cet Abbé n'étoit pas originaire de Dauphiné. *Dicendo quod dictus Abbas non eſſet oriundus de Patriâ.* Prétexte bien frivole; car la Préſéance aux Etats n'a été accordée à aucun Abbé de S. Antoine, en confidération de fa perfonne, mais feulement par égard pour fa qualité d'Abbé de S. Antoine ; c'eft-à-dire, de Supérieur Général d'un Ordre, qui a pris naiffance en Dauphiné, & qui décore la Patrie.

Or comme il eft certain, que, pour être élu Abbé de S. Antoine, il n'eft pas néceffaire d'être né en Dauphiné ; (*a*) il faut conclure que l'Abbé de S. Antoine, de quelque Province de France qu'il foit originaire, a droit de préfider aux Etats de Dauphiné : Autrement il faudroit dire que l'Evêque de Grenoble ne pourroit pas non plus préfider aux Etats, s'il n'étoit Dauphinois : Auffi l'oppofition n'eut-elle pas lieu, continue le Confeiller de Grenoble. L'Abbé de S. Chaumont, qui étoit originaire de la Province de Lyonnois, préfida ; mais les Etats pour colorer leur refus, firent mine d'accorder la féance à cet Abbé pour cette fois feulement, & par manière d'expédient. Reprenons maintenant le texte entier de M. Marc. *Hoc fuit obfervatum, etiam ab antiquo, quando in tribus Statibus Dominus Epifcopus Gratianopolitanus eft præfens, præcedit, & concludit, ut Præfidens trium Statuum, & in ejus abfentiâ, Dominus ABBAS SANCTI ANTONII, licet de hoc præfenti anno millefimo quingentefimo tertio circa finem menfis Aprilis, in abfentiâ Domini Epifcopi Gratianopolitani, dùm ibi effet Reverendus Dominus Theodorus de Sanéto Chamundo Abbas Sanéti Antonii & vellet præcedere, certi Domini præfentis Patriâ fe oppofuerunt, dicendo, quod diélus Abbas non effet oriundus de Patriâ, & quod tres ftatus poffent ponere Præfidentem : & pro ifto anno nominaverant Dominum Abbatem bonarum Vallium pro Præfidente trium Statuum. Sed fuit ordinatum per modum expedientis citrà præjudicium juris partium, quod diélus Dominus ABBAS SANCTI ANTONII pro hâc vice præfidéat in diélis tribus Statibus.*

Il ne faut pas beaucoup de pénétration, pour voir que la claufe, *pro hac vice tantùm, & per modum expedientis,* eft inutile, & infoûtenable ; car ou les Etats avoient le pouvoir d'exclure de la Préfidence un Abbé de S. Antoi-

----

(*a*) On a déja obfervé que le prémier Abbé Aimon de Montagny étoit Lyonnois.

ne ; qui n'étoit pas Dauphinois ; & de choisir un autre
Président à sa place : ou ils ne l'avoient pas, ce pouvoir :
S'ils ne l'avoient pas ; inutilement prétendoient-ils restrain-
dre la préséance de l'Abbé de S. Antoine à cette fois seulement, *pro hac vice tantùm*, & par maniére d'expédient,
per modum expedientis ; puisqu'il leur étoit sans doute bien
moins permis de dégrader l'Abbé de S. Antoine, pour les
Assemblées qui devoient se faire à l'avenir, que pour
celle qui se tenoit actuellement. Il eut été ridicule dans
le cas, dont il s'agissoit, de vouloir disposer du futur,
quand on n'avoit pas la libre disposition du présent.

Si l'on dit, que les Etats avoient le pouvoir de rejetter
Théodore de S. Chaumont ; pourquoi donc n'en usérent-
ils pas dans une occasion, où ils en avoient tant d'envie,
indisposés qu'ils étoient contre cet Abbé ; parce qu'il n'étoit
pas *oriundus de Patriâ* ? sans doute ils reconnurent, qu'ils
étoient mal fondés dans leur refus : D'où il suit que les
termes d'expédient, & de concession *pro hac vice tantùm*
n'étoient qu'une couleur, & un prétexte, dont ils pré-
tendoient couvrir une fausse démarche. En effet ce n'é-
toient point les Etats seuls, qui avoient anciennement choisi
l'Abbé de S. Antoine (Aimon de Montagny) pour présider à leur Assemblée, quoique la Noblesse eut concouru
à ce choix, & l'eut approuvé. C'étoit le Prince lui-même. *Tùm Illustrissimi Principis Delphini, tùm etiam procerum
totius Provinciæ voluntate*, dit Aimar Falco. Il falloit donc
le consentement du Prince, pour destituer l'Abbé de S.
Chaumont, suivant la maxime, *ejusdem est destituere cujus
est instituere.* Les Etats ne pouvoient donc pas le destituer
eux-mêmes, ni se choisir un autre Président.

Mais nous nous méprenons : Ce ne furent point les Etats,
qui s'opposérent à la préséance de Théodore de S. Chaumont, ce furent seulement quelques-uns d'entre eux. *Certi Domini præsentis Patriæ se opposuerunt*, dit M. Marc. L'op-
position ne fut pas écoutée : Ce qui fait voir, que la
plus grande, & la plus saine partie des Etats n'y eut point
de part ; & qu'elle condamna même cette démarche de
quelques-

quelques-uns de ſes Membres. Tel eſt le ſentiment de M.
Marc lui-même ; car , malgré cette oppoſition paſſagére ,
qu'il rapporte incidemment, il ne laiſſe pas de répondre
directement à la queſtion , qu'il s'eſt propoſée , & de décider ſans reſtriction , que l'Abbé de S. Antoine doit
préſider aux Etats, en l'abſence de l'Evêque de Grenoble , conformément à l'uſage ancien. *Hoc fuit obſervatum
etiam ab antiquo , quando in tribus Statibus Dominus Epiſcopus Gratianopolitanus eſt præſens , præcedit , & concludit, ut
Præſidens trium Statuum : Et in ejus abſentiâ, Dominus AB-
BAS SANCTI ANTONII, licet de hoc anno certi Domi-
ni præſentis Patriæ ſe oppoſuerunt . . . ſed fuit ordinatum , &c.*

Lorſque l'on a dit , que le Droit de préſider aux
Etats, dont les Abbés de S. Antoine ont joüi , leur a été attribué par les Princes Dauphins, on s'eſt appuyé ſur le
témoignage d'Aimar Falco , qui étant confirmé , par une
poſſeſſion non interrompue, ſeroit ſuffiſant , pour former
une preuve complette : Mais ce qui donne à la propoſi-
tion le dernier dégré d'évidence, c'eſt le Statut ſolemnel
de Humbert Dauphin de Viennois du 14e. Mars 1349.

31.
Troiſiéme
preuve , ti-
rée du Statut
ſolemnel de
Humbert
Dauphin , du
14. Mars
1349. confir-
mé par Char-
les V. Roi de
France au
mois d'Août
1367.

Ce Prince ayant réſolu de céder , & de tranſporter à
la Couronne de France ſes Droits de Souveraineté ſur la
Province de Dauphiné , voulut aſſûrer à ſes Sujets la
joüiſſance de tous les Priviléges , & de toutes les Franchiſes , qui leur avoient été accordées par ſes Prédécef-
ſeurs. Dans cette vûe , il fit un Statut , par lequel il
confirme ſolemnellement ces Libertés , ces Priviléges , &
ces Franchiſes , contenus en cinquante-un articles : Et
afin d'en rendre à jamais l'exécution fixe & irrévocable,
le Dauphin ordonne dans le cinquante-uniéme , ou dernier article, que tous les nouveaux Dauphins, ſes Succeſſeurs ſeront obligés , dès leur avénement, & avant que
d'exercer aucun acte de Souveraineté , de prêter ſerment
ſur les Evangiles , entre les mains de l'Evêque de Grenoble , ou de l'Abbé de S. Antoine , & de leurs Vicaires ,
d'obſerver fidélement tous leſdits Statuts , &c. *Et ut præ-
dictæ libertates , franchiſiæ , gratiæ , conceſſiones , declaratio*

D

nes, & privilegia perpetuis temporibus meliùs & firmiùs observentur, voluit, quod quandocumque, & quotiescumque in futurum novus Delphinus, vel Successor veniet ad successionem vel regimen Delphinatûs : antequam ad hommagia, seu recognitiones Feudorum Delphinalium recipienda seu recipiendas, quovismodo procedat : & antequam aliqualiter aliquam singularem personam, vel universitatem compellere possit ad præstandum & faciendum sibi hommagia, fidelitates, seu recognitiones, jurare debeat primitùs ad sancta Dei Evangelia per eum corporaliter manu tacta, in manibus R.R. P.P. Domini Episcopi Gratianopolitani, vel ABBATIS SANCTI ANTONII Viennensis (a) & Vicariorum suorum, servare, custodire, & attendere inviolabiliter præmissas omnes & singulas declarationes, &c.

Ce Statut est imprimé en entier dans l'Histoire de Dauphiné par M. de Valbonnais, prémier Président de la Chambre des Comptes, *tom.* 2. *titre* 273. *page* 586. & 591. de l'Edition de Genéve, chez Fabri & Barillot 1722. en deux volumes in fol. dont le prémier contient l'Histoire, & le second les Preuves.

Ce même Statut a été confirmé au mois d'Août 1367. par Lettres Patentes de Charles V. dit le Sage, le prémier Roi de France, qui ait porté la qualité de Dauphin : Elles sont rapportées tout au long dans les Statuts Delphinaux, in 4°. Edition Gothique *fol.* 25. *verso*, & *suivans* ; & dans une autre Edition de 1619. à Grenoble par Pierre Charvys *fol.* 44. *verso*, & *suivans*, au paragraphe *de juramento per Officiales præstando.*

Il y a encore au *fol.* 33. *verso*, de l'Edition gothique & 48. *verso*, de l'Edition de 1619. paragraphe *de juramento per Dominum Gubernatorem Delphinatûs præstando*, d'autres Lettres de Charles V. dont voici la teneur.

Carolus, Dei gratiâ, Francorum Rex, Delphinus Viennensis : Universis præsentes Litteras inspecturis. Notum facimus, quod nos fidelibus subditis Delphinatûs de nostris scientiâ cer-

(a) C'étoit alors Pierre Lober, quatriéme Abbé de S. Antoine : Lequel a beaucoup contribué à la Donation, que le Prince Dauphin fit au Roi de ses Etats.

* râ , & gratiâ speciali , tenore præsentium duximus concedendum , quod quicumque Gubernator noster , & alii ad universale regimen nostri Delphinatûs, pro nobis & Successoribus nostris venientes , in primâ adeptione suæ administrationis , tactis Dei Evangeliis Sacrosanctis , jurent in manibus Reverendorum in Christo Patrum Fidelium nostrorum Episcopi Gratianopolitani , & ABBATIS SANCTI ANTONII VIENNENSIS præsentium & futurorum , vel alterius eorum servare & custodire . . . . . taleque juramentum super hoc præstent , quale est per nos præstari cautum in libertatibus supradictis , de quibus liquidiùs poterit apparere. Dantes igitur in mandatis, districtiùs injungentes præfato Gubernatori nostro moderno , quatenùs visis præsentibus , nisi aliàs ipsis subditis juraverit , quando per præfatos Episcopum vel ABBATEM vel alterum ipsorum Prælatorum , fuerit requisitus in manibus ipsorum Prælatorum , vel alterius eorum , qui nunc sunt , vel qui pro tempore fuerint , præstet & faciat prædictum juramentum , quam prædicta subditis nostris prædictis concessisse de gratiâ, quâ suprà dignoscuntur , & ea fieri volumus & jubemus cessante difficultate quâcumque , ordinationibus seu mandatis in contrarium factis vel faciendis, nonobstantibus quibuscumque : quod ut firmum & stabile perpetuò perseveret sigillum nostrum dicti Delphinatûs præsentibus duximus apponendum. Datum Parisiis die vicesimâ secundâ mensis Augusti , anno Domini millesimo tercentesimo sexagesimo septimo , & Regni nostri quarto. Per Regem Delphinum in suo Consilio. Signatum. Henrileti.*

On voit par les piéces, que l'on vient de rapporter , que le Dauphin Humbert a choisi l'Abbé de S. Antoine , conjointement avec l'Evêque de Grenoble , pour recevoir le serment de ses Successeurs à la Souveraineté de Dauphiné. Ce qui démontre de plus en plus, que ce Prince regardoit l'Abbé de S. Antoine, comme la seconde personne de la Province, & comme Président des Etats ; car il est évident , que le Dauphin ; pour assûrer à ses Sujets de la meilleure maniere qu'il étoit possible, les priviléges dont ils étoient en possession, a voulu que les Rois de France, à qui il remettoit sa Souveraineté, jurassent la

D ij

conservation de ces mêmes priviléges entre les mains des personnes les plus distinguées de Dauphiné, & qui représentoient le Corps entier de ses sujets. Ces personnes ne pouvoient être autres, que les Présidens des Etats. Il est donc certain, qu'en prouvant que l'Abbé de S. Antoine étoit commis, pour recevoir le serment des nouveaux Dauphins, ou des Gouverneurs envoyés de leur part, on prouve en même tems que cet Abbé étoit Président des Etats.

On ne doit pas croire que la conséquence, que nous venons de tirer, soit le fruit de nos propres réflexions. M. François Marc l'a tirée avant nous du même principe; car dans l'endroit, que nous avons cité, (*a*) où cet Auteur répond à la question : *De modo antecedendi & concludendi in officio Præsidentis trium Statuum præsentis Patriæ Delphinatûs.* Il ne trouve rien de plus décisif, pour résoudre la difficulté, que d'examiner, qui sont les personnes préposées, pour recevoir le serment des nouveaux Dauphins; c'est pourquoi sa Décision est exprimée en ces termes : *Et in effectu, in transportu præsentis Patriæ cavetur quod Dominus noster Delphinus à principio jurare debet libertates, in manibus Reverendi Domini Episcopi Gratianopolitani, vel Domini* ABBATIS SANCTI ANTONII, *aut suorum Vicariorum. Et pariter in Statutis Patriæ,* (*b*) *Dominus Gubernator debet jurare in manibus Domini Episcopi Gratianopolitani, vel* ABBATIS SANCTI ANTONII, après quoi M. Marc ajoûte tout de suite. *Et hoc fuit observatum etiam ab antiquo, quando in tribus Statibus Dominus Episcopus Gratianopolitanus est præsens, præcedit & concludit, ut Præsidens trium Statuum; & in ejus absentiâ Dominus* ABBAS SANCTI ANTONII. C'en est assés sur cet article, passons à la quatriéme preuve.

32.
Quatriéme Preuve tirée des Régistres des Assemblées des Etats de Dauphiné.

Elle se tire des Régistres des Etats Généraux de Dauphiné, qui sont des témoins encore subsistans de la possession non interrompue des Abbés de S. Antoine.

En l'année 1516. les Etats s'assemblérent, par ordre

(*a*) *Decisione* 152. part. 1. fol. 49. *verso.*
(*b*) Ce sont les Statuts Delphinaux, dont on a rapporté un extrait.

du Parlement de la Province. La prémiére féance fe tint le 20. Mai ; & dans l'extrait du Procès verbal qui en fut dreffé, contenant les noms de ceux qui y affiftérent, l'Abbé de S. Antoine eft dénommé Préfident en ces termes : *Reverendus in Chrifto Pater Dominus Theodorus de Sancto Chamando ABBAS SANCTI ANTONII VIENNENSIS fecundus, & in abfentiâ Reverendi Domini Epifcopi Gratianopolitani Præfes.* C'eft le même Théodore de S. Chaumont, que quelques Membres des Etats de l'an 1503. ne vouloient admettre à la Préfidence, que *pro hac vice tantùm, & per modum expedientis.* On voit le cas qu'on fit en 1516. de cette claufe, hazardée fans aucun légitime fondement.

En 1539. les Etats étant affemblés à Grenoble le 16. Juin, on vit le Baron de Clermont difputer la préféance à l'Abbé de S. Antoine ; (*a*) mais cette tentative ne réüffit pas : Le Baron fut obligé de céder : De quoi il fut dreffé un Acte, ou Procès verbal, dont on conferve l'expédition Originale en parchemin dans les Archives de l'Abbaye de S. Antoine. La feule raifon, que l'Abbé fit valoir, & qui étoit bien fuffifante, fut de dire ; qu'il avoit droit de préfider aux Etats, & par conféquent de prendre féance immédiatement après l'Evêque de Grenoble.

Le 27. Novembre 1604. les Etats étant affemblés à Valence, l'Archevêque de Vienne, qui étoit en procès avec l'Evêque de Grenoble fur la préféance, ne voulut pas fe rendre aux Etats ; mais il écrivit une lettre, datée du 23. Novembre, par laquelle il prie ,, qu'on le tien- ,, ne excufé de ce qu'il n'eft venu aux Etats, d'où il ,, s'eft retenu, pour n'alterer le privilége qu'il prétend (ce font les termes du Procès verbal.) ,, Son Sécrétaire ,, eft après entré, qui a requis......à cela, Monfeigneur ,, de Grenoble Préfident des Etats (continuë le Procès ,, verbal) ,, a repréfenté, que le Procès eft vuidé, & ,, qu'il y a Arrêt, de par lequel il a été maintenu défi-

(*a*) C'étoit Jaques de Joyeufe ; de l'illuftre Maifon de ce nom en Vivarez ; Il étoit en même tems Doyen de la Cathédrale du Puy.

D iij

„ nitivement en la poffeffion , que fes Prédéceffeurs , Evê-
„ ques de Grenoble ont joüis & ufés, en ce qui regarde
„ la préféance des Etats en cedit Païs : En quoi il a toûjours
„ du depuis continué ; & pour fon abfence , à M. L'ABBE'
„ DE S. ANTOINE , (*a*) & à fon Vicaire Général.

Le 14. Novembre 1623. les Etats , étant affemblés à
Grenoble , on fit encore difficulté de donner à l'Abbé de
S. Antoine , (*b*) la place qui lui étoit acquife. Il lui fut
demandé par l'Affemblée , s'il avoit des titres , pour prétendre être en droit , de préfider en l'abfence de l'Evêque
de Grenoble , à quoi il répondit , dit le Procès verbal ,
„ qu'il n'en avoit aucun , que ceux qui font dans les Ré-
„ giftres du Païs : Et lui étant après forti , a été opi-
„ né , & puis conclu , que ledit Sieur Abbé prendra fa
„ place telle que mérite fa qualité , comme Chef-d'Or-
„ dre , & cependant recherchera les Titres , defquels il pré-
„ tend fe fervir , pour faire voir , comme fes Prédécef-
„ feurs ont joüis du privilége , de préfider aux Etats affem-
„ blés , en l'abfence dudit Seigneur Evêque de Grenoble , Pré-
„ fident defdits Etats. L'Abbé de S. Antoine fe préfenta à l'Affemblée le 23. Novembre : fit de nouvelles proteftations
contre ce qui avoit été décidé le 14. & dit , qu'il n'a-
voit d'autres titres , pour foûtenir le Droit de préfider ,
en l'abfence de M. l'Evêque de Grenoble , que ceux , qui
fervoient à M. l'Evêque pour préfider toûjours , à l'exclu-
fion de tous autres Seigneurs : que fi l'Affemblée faifoit
encore difficulté de lui accorder l'honneur de préfider ,
en l'abfence de M. l'Evêque de Grenoble , il la prioit
de jetter les yeux fur les titres qu'il produit. A la fuite de cette réponfe , le Procès verbal s'exprime en ces
termes : „ Et l'affaire ayant été mife en délibération ,
„ après plufieurs difcours faits , tant fur lefdits Priviléges
„ attribués aufdits Seigneurs Abbés de S. Antoine , que
„ fur les opinions au contraire : Après auffi avoir vû les
„ Statuts Delphinaux , l'Hiftoire Antonienne , & les dif-

(*a*) C'étoit pour lors Antoine Tolofani d'une illuftre Famille de Languedoc.
(*b*) Antoine Brunel de Grammont.

,, cours du Sieur François Marc , ci-devant Conseiller au
,, Parlement de ce Païs , a été conclu , que par provision ,
,, & sans préjudicier aux droits de ceux , qui prétendent
,, à la qualité de Vice-Président des Etats , *lesdits Seigneurs*
,, *ABBE'S DE S. ANTOINE sont maintenus au Privilége ,*
,, *qu'ils prétendent , de présider ausdits Etats* , en l'absence de
,, Monseigneur de Grenoble , Président en iceux , &c.

Le lendemain 24. Novembre 1623. le Commis des Etats
ayant dit , qu'il avoit quelque récusation à proposer. On
l'a pressé , de nommer ceux qu'elles regardoient. Alors ,
dit le Procès verbal de ce jour ,, il a prié M. de Greno-
,, ble Président , de se vouloir abstenir d'opiner en cette
,, affaire : il fit la même réquisition à M. le Baron de Sasse-
nage. Sur quoi ayant été requis d'opiner ; si , ou non , les
recusations du Commis des Etats étoient valables : ,, Mes-
dits Seigneurs étant sortis , *M. l'Abbé de S. Antoine a pris*
la place de Monseigneur de Grenoble , &c.

Du 5. Décembre 1623. ,, *M. l'Abbé de S. Antoine pré-*
,, *sida* , M. l'Evêque de Grenoble s'étant trouvé indisposé ;
ainsi qu'il est rapporté dans le Procès verbal du jour. L'a-
près-diner , *l'Abbé de S. Antoine eut aussi la préséance.*

Du 11. Décembre 1623. ,, Monseigneur l'Evêque de
,, Grenoble , Président des Etats , a prié la Compagnie de
,, vouloir opiner , sur ce qui est des voyages , qu'il a fait
,, pour le Païs , en Cour : *Et étant sorti , M. l'Abbé de S.*
,, *Antoine a pris sa place* , &c.

Le 18. Mars 1627. M. de Crequi , Gouverneur de la
Province , convaincu du droit des Abbés de S. Antoine ,
écrivit à Antoine Brunel de Grammont , qui étoit alors
en place , la Lettre suivante ; par laquelle il l'invite à se
rendre aux Etats , pour y tenir le rang , & y faire les
fonctions accoûtumées. On peut produire cette Lettre en
original , dont voici la copie.

,, M. L'incertitude , où je suis du retour de M. de Gre-
,, noble , que je n'estime pas devoir être ici à tems , pour
,, se trouver à l'ouverture des Etats , me fait vous sup-
,, plier pour la seconde fois , de vouloir vous trouver en.

33.
M. de Cre-
qui , Gouver-
neur de la
Province , é-
crit à l'Abbé
de S. Antoi-
ne , & l'invi-
te à se rendre
aux Etats de
1627. pour y
présider.

,, cette Ville , au 11. d'Avril prochain , *pour y tenir le rang,*
,, *& y faire les fonctions, que vous avez accoûtumé , même*
,, *en chofes où M. de Grenoble fe peut trouver fufpect.* Je vous
,, affûre au furplus, &c. *Signé.* Crequi. A Grenoble le
18. Mars 1627.

34.
Confirma-
tion de ce
Droit par le
Roi Loüis
XIII.

Tous les titres , que l'on a rapportés , ont reçû une
nouvelle confirmation par des Lettres Patentes de Loüis XIII.
du mois d'Octobre 1636. confirmatives de certains Statuts , faits après la Réforme de l'Ordre de S. Antoine:
on y lit ces mots. ,, Et néanmoins fans que pour ce ,
,, il foit fait aucun préjudice aux droits, préféances, &
,, prérogatives , dont les Abbés & Supérieurs Généraux
,, dudit Ordre ont accoûtumé de joüir, *même de préfider*
,, *aux Affemblées des Etats de nôtre Province de Dauphiné,*
,, en l'abfence , ou empêchement du Sieur Evêque de
,, Grenoble.

35.
Récapitu-
lation des
preuves , que
l'on vient de
rapporter.

Cette piéce met le fceau aux différens titres , que l'on
a produits pour prouver, que les Abbés de S. Antoine
font en droit , de préfider aux Etats de Dauphiné. On fe
flatte d'avoir porté les preuves de cette propofition jufques à
la démonftration. En effet que peut-on défirer de plus,
que le témoignage des Auteurs les plus graves & les
mieux inftruits du point dont il s'agit ? Auteurs anciens:
Auteurs refpectables par leur accord à défendre la même vérité : Vérité qui n'a jamais été contredite par aucun
Ecrivain ; qui eft au contraire foûtenuë par le Statut folemnel d'un Prince Dauphin , confirmée plufieurs fois par
les Rois de France, qui lui ont fuccédé, & en dernier
lieu par le Roi Loüis XIII. Autant de fois , qu'on a voulu donner atteinte au droit des Abbés de S. Antoine , &
les empêcher d'en exercer les fonctions ; autant de fois ces
entreprifes ont été regardées comme téméraires , & elles
font reftées fans effet, même à l'égard des Abbés de S.
Antoine , qui n'étoient pas originaires de Dauphiné. Une
infinité d'Actes , tirés des Régiftres des Etats , montrent
que ces Abbés ont toûjours été en poffeffion de la Préfidence : Les Gouverneurs de la Province , le Parlement
de

de Dauphiné l'ont reconnu, avec tout le Public : Il est donc impossible de leur contester cette prérogative, qui leur afsûre, & à leurs Succeſſeurs, le ſecond Rang dans la Province.

On objectera peut-être, que, comme la Province de Dauphiné n'est plus en uſage de faire aſſembler les Etats, il étoit aſſés inutile de s'arrêter à prouver le Droit de Préſidence, que les Abbés de S. Antoine y ont exercé. On répond en prémier lieu, qu'il peut arriver dans la ſuite des circonſtances qu'il eſt impoſſible de prévoir aujourdhui, leſquelles pourroient donner lieu à de nouvelles Aſſemblées d'Etats : Mais en ſuppoſant même, que ces circonſtances ne revinſſent jamais, les Abbés de S. Antoine n'en ſont pas moins obligés, à ne pas laiſſer tomber dans l'oubli, une prérogative auſſi éminente, que celle dont il a été queſtion. Leur négligence à cet égard, les accuſeroit d'une eſpéce d'ingratitude, envers les Souverains qui leur ont accordé une marque ſi honorable de leur confiance. Les grandes Maiſons connoiſſent tout le prix de ces illuſtrations : elles ont ſoin d'en conſerver les Titres à leurs deſcendans; & d'en perpétuer le ſouvenir, lors même qu'elles ne ſont plus d'uſage. Ces dignités, qui ont été la récompenſe du mérite; & qui retracent la mémoire des ſervices rendus à l'Etat, jettent encore de l'éclat, après qu'elles ſont éteintes : Elles excitent l'émulation, & le deſir de ſe rendre utile à la Patrie, à l'exemple des grands Hommes, qui en ont été trouvés dignes.

Indépendamment de ces motifs, les Abbés de S. Antoine ont un intérêt ſenſible à rappeller les preuves, qui établiſſent leur Droit à la préſidence des Etats; parce qu'elles forment un préjugé légitime en leur faveur, à l'égard de la qualité de Conſeillers nés au Parlement de Grenoble, qu'ils peuvent encore exercer aujourdhui : En effet ſi les Dauphins ont choiſi les Abbés de S. Antoine pour préſider aux Etats, & pour recevoir le ſerment de leurs Succeſſeurs : Fonctions les plus diſtinguées, & les

36. Les Titres, qui prouvent, que l'Abbé de S. Antoine a droit de préſider aux Etats, forment un préjugé en ſa faveur, à l'égard de la qualité de Conſeiller né au Parlement de Grenoble.

E

plus importantes, que ces Princes puſſent leur confier ;
Fonctions, qui les rendoient néceſſairement dépoſitaires
des plus grands ſecrets de l'Etat ; peut-on douter que les
mêmes Souverains ne leur ayent pareillement donné une
place dans leur Conſeil ? Si les Abbés de S. Antoine ont
été jugés dignes d'occuper le prémier Rang dans les Aſſemblées, qui répréſentoient tout le Corps du Païs ; comment les auroit-on crû incapables, d'opiner dans l'Aſſem-
blée particuliére, qui eſt chargée de l'adminiſtration de
la Juſtice ?

37.
Le prémier Abbé de S. Antoine, Aimon de Montagny, a été du Conſeil des Princes Dauphins.

Mais ſans nous arrêter à la ſimple préſomption, exa-
minons, quelle a été dans le fait, la conduite des Princes Dauphins à l'égard des Abbés de S. Antoine.

Aimon de Montagny, qui le prémier a occupé le
Siége Abbatial, fut choiſi pour préſider aux Etats de Dauphiné dès l'an 1305. On en a vû les preuves. Or la qualité de Conſeiller des Dauphins, dans ce prémier Abbé,
n'eſt pas d'une date moins ancienne. Le tems nous a
conſervé un titre original, qui met la choſe hors de
doute : Ce ſont des Lettres Patentes de Jean II. Prince
Dauphin, adreſſées à Aimon de Montagny : Par leſquelles il confirme d'avance, tout ce qui ſera traité entre ledit Abbé, & noble Aimar de Breſſieu, touchant la Ju-
riſdiction des Paquerages, Parcours, & limites des Châteaux de Monmiral, & de la Mothe S. Antoine : Et
dans ces Lettres, qui ſont datées du Samedi d'après
la Fête de Sainte Luce de l'an 1314. c'eſt-à-dire, du
14. Décembre : le Dauphin appelle Aimon de Montagny,
ſon fidéle & très-cher Conſeiller. Voici ſes propres termes.

*Joannes Dalphinus Viennenſis, Reverendo in Chriſto Patri, ac
fideli ſuo chariſſimo CONSILIARIO Domino Aimoni, Divinâ
Providentiâ Abbati Monaſterii Sancti Antonii, Viennenſis Diœ-
ceſis, ſalutem, & vita proſpera dies longos . . . . . Datum apud
Sanctum Petrum de Campo Pagnaco (a) die Sabbati poſt Feſ-
tum S. Luciæ Virginis.*

(a) Champagnier proche le Drac à une lieue de Grenoble. On voit encore dans ce
Lieu, les veſtiges d'un ancien Château des Dauphins.

On doit remarquer, qu'en l'année 1314. il n'y avoit point en Dauphiné d'autre Conseil Souverain, que celui du Prince, pour juger en dernier ressort les differens des Particuliers. Le Conseil du Dauphin tenoit lieu de Parlement : Et puisque Aimon de Montagny y étoit admis, en qualité de Conseiller; il est évident, que les Abbés de S. Antoine ont eu part, dès leur Institution, à l'administration de la Justice dans la Province.

Qu'on ne dise pas, que le Titre de Conseiller attribué à Aimon de Montagny, dans les Lettres que nous venons de citer, n'est qu'une simple énonciation, qui ne prouve rien : Cette objection, qui pourroit avoir quelque force à l'égard des tems postérieurs, où la qualité de Conseiller est devenue commune, & a été même usurpée sans scrupule; cette objection, dis-je, n'est pas proposable; lorsqu'il s'agit d'Actes aussi anciens, que celui dont on vient de donner l'extrait; sur tout lorsque l'énonciation est proférée par le Prince même, selon cette maxime connue. *Verba enuntiativa prolata per Principem faciunt fidem.* Et cette autre : *In antiquis enuntiativa probant.* Contester ces sortes d'énonciations contenues dans les Déclarations des Souverains, c'est contester leur autorité, & leur pouvoir.

Mais le Droit des Abbés de S. Antoine à la séance au Parlement de Dauphiné, n'est pas seulement fondé sur l'énonciation, portée par les Lettres du Prince Jean II. cette Place leur a été accordée expressément par les Dauphins ses Successeurs, dès le prémier établissement d'un Tribunal Souverain, érigé dans la Province, & distingué du Conseil intime du Prince. Les Abbés de S. Antoine ont été maintenus dans la dignité de Conseillers nés par les Rois de France, qui ont succedé aux Dauphins : Ces Abbés en ont souvent exercé les fonctions, comme il paroît par une infinité d'Actes. C'est avec ces Titres victorieux, que l'on se flatte de démontrer que la dignité de Conseiller au Parlement de Dauphiné, qui fait le dernier objet de ce Mémoire, appartient à l'Abbé de S. An-

38.
On prouve que l'Abbé de S. Antoine a droit de siéger au Parlement deDauphiné, comme Conseiller né.

E ij

toine, auffi juftement, que la qualité de Préfident des Etats.

39.
Prémiére preuve, tirée de la Chartre d'érection du Conſeil Delphinal, de l'an 1337.

Nous apprenons par l'Hiſtoire de Dauphiné, & par une tradition conſtante, que l'Epoque du Tribunal, érigé dans la Province, pour juger en dernier reſſort, les differens des Particuliers, ne remonte pas plus haut que l'an 1337. il doit ſon prémier établiſſement au Dauphin Humbert II. qui lui donna le nom de Conſeil Delphinal, & le plaça d'abord dans la Ville de S. Marcellin: Il fut compoſé de ſept Conſeillers, dont le prémier eſt l'Abbé de S. Antoine: C'eſt ainſi que s'exprime la Chartre d'Erection, qui eſt datée du 21. Février 1337.

Humbertus Dalphinus Viennenſis, Dux Campis Auri, Viennæ, & Albonis Comes, ac Palatinus, univerſis & ſingulis Bayllivis, Judicibus, Procuratoribus, Caſtellanis, & cæteris Officialibus noſtris totius Dalphinatús, & eorum loca tenentibus; ſalutem, & dilectionem ſinceram. Vobis & veſtrúm cuilibet, ſerie præſentium, volumus eſſe notum, quod nos pridem maturo & deliberato præcedente Conſilio, & ex evidenti utilitate noſtrâ, & noſtri Dalphinatús, duximus ordinandos in ſpeciales noſtros Conſiliarios Reverendum in Chriſto Patrem Dominum G. ABBATEM SANCTI ANTONII, (a) & Venerabilem Virum Fratrem Humbertum de Balma, Præceptorem Sancti Pauli: Si & quando ſibi placuerint intereſſe, & viros nobiles & egregios Nicolaum Conſtantii, Bertrandum Euſtachii, Milites, & Legum Doctores, Jacobum Caputgroſſi Legum Doctorem, Petrum de Herbeſio Militem, & Joannem de Sancto Valerio Legum Doctorem, per quos noſtra, & ſubditorum noſtrorum negotia voluimus & diſpoſuimus terminari, & ipſos ex nunc aggregamus, de ipſiſque unum Corpus facimus, ordinando quod apud Sanctum Marcellinum reſidèant, & ibidem regant & terminent, vice noſtrâ, quæ videbuntur eis terminanda, & Juriſdictionem omnimodam eiſdem commiſimus, poteſtatem eis concedendo inquirendi, tàm contra Officiales, quàm contra alias perſonas, ſuper delictis, criminibus, occupationibus noſtrorum

(a) C'étoit pour lors Guillaume Mitte, de l'illuſtre Famille de S. Chaumont, dans la Province de Lyon.

jurium, terminandi noſtra & privatorum negotia, per viam judiciariam, aut viam compoſitionis, aut tranſactionis, aut modis aliis quibuſcumque, quibus eis videbitur expedire, de delictis cognoſcendi, & ipſa puniendi, vel pro ipſis componendi, cuncta committendo eis gubernanda, regenda, & terminanda, ſicut noſmet poſſemus facere, ſi perſonaliter adeſſemus, ſalvis & retentis nobis gratiis, atque donis, & alienationibus rerum noſtrarum ſtabilium, niſi forte videretur eiſdem ad redditum annuum fore dandum: adjecto quod ſi in agendis per eos omnes ipſi non valeant intereſſe, qua fuerint acta per tres aut plures ipſorum, circà præmiſſa plenam obtineant firmitatem, & ordinandis, ac determinandis per eos ſtetur & credatur, nec ab ipſis liceat ulteriùs appellare. Sigillum autem commune habere debeant, quo Littera ab ipſis emananda ſigillentur, cui Sigillo, & Litteris ſigillandis eodem modo firmiter pareatur & credatur, ac ſi forent noſtro Sigillo proprio ſigillata. Unde vobis & veſtrûm cuilibet, ſerie præſentium, præcipimus & mandamus, quatenùs dictis noſtris Conſiliariis & Mandatis eorumdem circà præmiſſa & prædicta tangentia pareatis, & obediatis efficaciter tanquam nobis, ac obediri faciatis, & Litteris dicto Sigillo ſigillandis, juxta formam ordinationis noſtræ, quæ ſuperiùs enarratur. Expenſas autem, ſi quas eorum mandato ſolveritis, in veſtris primis computis colloquari volumus & jubemus: dùm tamen Litteras ipſo Conſilio noſtro, dicto Sigillo ſigillatas habueritis cum copiâ præſentium, nonobſtante ordinatione per nos aliàs facta, quod aliqua non delibretur pecunia noſtra, ſine Mandato ſpeciali noſtro, ſecreto Annulo ſigillando. Datum in Sancto Marcellino per Amblardum de Bellomonte, Juris Civilis Profeſſorem Protonotarium Dalphinatûs, die vi
ceſimâ ſecundâ menſis Februarii, anno Nativitatis Domini millesimo tercenteſimo triceſimo ſeptimo, &c.

Cette piéce eſt imprimée en entier dans l'Hiſtoire de Dauphiné par M. de Valbonnais. *Tome 2. titre 84. page 328.* de l'Edition de Genéve de 1722.

On doit remarquer que l'Abbé de S. Antoine y eſt nommé le prémier, & établi comme le Chef du Conſeil Delphinal; & cette dignité, par les termes mêmes de

la Chartre, est attachée à sa qualité d'Abbé de S. Antoine, sous laquelle il est singuliérement désigné, à la
difference des six autres Conseillers, qui sont désignés par
leurs noms & surnoms. Ce qui fait voir que la qualité
de Conseiller leur est personnelle : Au lieu qu'elle ne l'est
point à l'Abbé de S. Antoine, & qu'elle demeure affec-
tée à son Siége.

C'est ici un Tribunal sans appel, qui juge de toutes
les Causes civiles & criminelles. *Nec liceat ulterius appellare.*
Le Prince ordonne à tous les Juges inférieurs de lui obéïr,
& de lui faire obéïr, comme à lui-même. *Præcipimus,*
& mandamus, ut obediatis efficaciter tanquam nobis, ac obedi-
ri faciatis. Or comme ce Conseil Delphinal, qui, envi-
ron trois ans après son érection, fut transféré de S.
Marcellin à Grenoble, a été la baze, le principe, &
comme le berceau du Parlement de Grenoble : ou pour
parler plus exactement, comme ce Conseil, qui avoit tous
les caractéres, & toute l'autorité qui constituent un Parlement, s'est qualifié de ce nom, dès qu'il a eu une assés
grande quantité d'Officiers, pour former un Corps aussi
nombreux que les autres Parlemens : De-là il résulte que
l'Abbé de S. Antoine est Conseiller né de cette auguste
Compagnie ; en vertu du Titre primordial, que l'on vient
de rapporter.

40.
Seconde
preuve, tirée
du Statut so-
lemnel de
1349.

En parlant de la Présidence aux Etats, (*a*) attribuée
à l'Abbé de S. Antoine, on a apporté en preuve le Statut solemnel du même Dauphin Humbert II. de l'an
1349. dont il veut dans l'article 51. que tous les nouveaux Dauphins jurent l'observation, entre les mains
de l'Evêque de Grenoble, ou de l'Abbé de S. Antoine. Si
cette fonction honorable, prouve que l'Abbé de S. Antoine, étoit regardé par le Dauphin Humbert, comme
l'un des représentans de la nation, en sa qualité de Président des Etats ; elle prouve en même-tems ce que nous
prétendons ici ; c'est-à-dire, que l'Abbé de S. Antoine étoit
l'un des Chefs, du Souverain Tribunal du Païs : Et pour

(*a*) Voyés le N°. 31.

sentir la force de ce raisonnement, il suffit de faire attention, qu'un Acte aussi important, que la prestation du serment, dont il s'agit, ne pouvoit être revêtu de toute la solemnité dont il est susceptible, & acquerir toute la validité requise, qu'en passant par les mains de l'un des prémiers Chefs de la Justice. Le but du Dauphin étoit, d'assûrer à ses Sujets, les priviléges & les franchises, dont ils étoient alors en possession. Il choisit la voye la plus sûre, pour y parvenir; c'est d'en faire jurer l'observation à ses Successeurs, non-seulement entre les mains des Présidens des Etats, mais encore entre les mains de l'un des principaux Membres du Conseil Souverain, qu'il venoit d'établir en 1337. & à qui le soin, de maintenir ces sortes de franchises, étoit naturellement dévolu : Ainsi le Statut, qui ordonne, que le serment des Daûphins, sera reçû par les Abbés de S. Antoine, en leur égard, un témoin qui dépose pour le Droit qu'ils avoient de siéger, dans le Conseil préposé pour l'administration de la Justice.

Comme les Priviléges les mieux établis sont quelquefois contestés, lorsqu'ils ne sont pas renouvellés par les Successeurs des Princes, dont ils sont émanés ; sur tout dans le cas du transport de la Souveraineté: Le Dauphin Humbert second, étant mort, & les Rois de France étant devenus les maîtres du Dauphiné, en vertu de la Donation, que ce Prince leur en avoit faite, Bertrand Mitte, Abbé de S. Antoine, demanda au Roi Charles VI. des Lettres Patentes, pour joüir de tous les profits, droits, libertés, émolumens, attachés à sa charge de Conseiller au Conseil Delphinal : elles furent accordées le 3. Août 1382. & elles sont conçûës en ces termes .... *Hinc est, quod nos, sufficientiâ, & sagaci industriâ, plurium relatione multiplicè fide dignorum, informatï, & confidentes, dilecti nostri Fratris Bertrandï, Abbatis Beati Antonii Viennensis, notum facimus, quod ipsum Bertrandum retinuimus, ac tenore præsentium retinemus in nostrum CONSILIARIUM, & præsentium serie ipsum aliorum nostrorum Consiliariorum consortio voluimus aggregari ad*

41: Troisiéme preuve, tirée des Lettres Patentes, accordées à l'Abbé de S. Antoine, par le Roi Charles VI. en 1382.

profectus, *jura*, *libertates*, *& emolumenta confueta* : *Dantes
in Mandatis Gubernatori noftro Dalphinatûs, & omnibus Juf-
titiariis, & Officialibus noftris præfentibus & futuris, aut eorum loca tenentibus, & eorum cuilibet, pro ut fua intererit,
quatenùs diêtum Bertrandum, tanquam noftrum CONSILIA-
RIUM recipiant, & prædiêtis profeêtibus, juribus, libertatibus,&
emolumentis, quibus noftri Confiliarii alii gaudent & utuntur,
ipfum gaudere, & omni ceffante impedimento, uti faciant &
permittant*, &c. Suit l'enrégiftrement defdites Lettres, &
la preftation de Serment, dudit Bertrand, du 31. Oêtobre
de la même année 1382.

Quoique ces Lettres foient adreffées nommément à Bertrand Mitte ; cependant on ne peut pas dire, qu'elles lui
foient perfonnelles ; parce qu'il eft certain que les Abbés
de S. Antoine fes Succeffeurs, qui ont exercé les fonctions de Confeillers, y ont été admis fans de nouvelles
Lettres ; car il ne s'en trouve aucunes, ni dans les Régiftres du Parlement, ni dans ceux de la Chambre des
Comptes de Dauphiné, qui lui étoit unie : Il a donc toûjours paffé pour conftant, que les Lettres de Bertrand
Mitte, ne font qu'une confirmation, de la conceffion faite aux Abbés de S. Antoine, par le Titre d'éreêtion du
Confeil Delphinal, en 1337.

42.
Quatriéme
preuve. On
rapporte une
longue fuite
de Titres, où
les Abbés de
S. Antoine
font qualifiés
de Confeil-
lers, & par
lefquels il ap-
pert,qu'ils en
ont exercé les
fonêtions.

Maintenant pour faire voir, que les Abbés de S. Antoine ont toûjours été en poffeffion de la féance au Confeil Delphinal, qui prit le nom de Parlement en 1453.
felon M. Salvaing de Boiffieux, (a) nous allons rapporter une longue fuite de Titres autentiques, collationnés
pour la plûpart fur les originaux, que l'on conferve à la
Chambre des Comptes, dans lefquels les Abbés de S. Antoine, font toûjours qualifiés de Confeillers, & par lefquels
il confte évidemment, qu'ils en ont exercé les fonêtions,
dans toutes les occafions qui fe font préfentées.

Le 13. Février 1387. Charles VI. accorda à l'Abbé de
S. Antoine certains Droits d'exemption pour fon Abbaye :
C'étoit Antoine de Brion, que le Roi appelle *fon Amé*

(a) Traité de l'ufage des Fiefs, Chap. 1. Page 9. N°. 2.

& *Féal Conseiller*. Il avoit succedé immédiatement à Bertrand Mitte.

En 1421. Charles VII. Dauphin de Viennois étant
pressé de trouver des fonds, pour fournir aux dépenses
de la Guerre, qu'il avoit contre les Anglois, nomma sept
Commissaires choisis dans le Conseil Delphinal, à qui il
donna le pouvoir d'aliéner une partie de son Domaine....
Sçavoir faisons, dit le Brevet de Commission, *que Nous
confians en plein, des sens de nos Amés & Féaux Conseillers, les
Abbé de S. Antoine*, (*a*) &c. *Iceux, ou les sept, ou six d'i-
ceux, avons commis*, &c. Donné en nôtre Ville de Bourges
le 26. Novembre l'an de grace 1421. *Signature*, par Monseigneur le Régent Dauphin, & son grand Conseil, auquel
étoit l'Archevêque de Reims, l'Evêque de Laon, L'ABBE'
DE S. ANTOINE, le Maréchal de la Fayette, &c.
lesquels ont signé le Brevet. Il paroît par cette piéce,
que l'Abbé de S. Antoine, qui est nommé le Chef de
la Commission, n'étoit pas seulement Conseiller au Conseil Delphinal, mais encore Conseiller intime d'Etat.

En 1422. l'Abbaye de S. Antoine ayant été brûlée,
une partie de ses Titres périt dans l'incendie, & entre
autres, celui qui portoit exemption de tous Droits d'entrée en faveur de l'Ordre. L'Abbé de S. Antoine demanda des Lettres confirmatives de ce Privilége : Elles lui
furent accordées le 26. Décembre 1424. & Charles VII.
y parle en ces termes.... *De la partie de nôtre Amé &
Féal Conseiller, Arthaud, Abbé de S. Antoine de Viennois*, &c.
S'ensuit l'enrégistrement desdites Lettres du 7. Février
1425. où cet Abbé est aussi qualifié de Conseiller du Roi.

En 1456. le Roi Loüis XI. ayant eu la dévotion de
venir visiter les Reliques de S. Antoine, accorda aux
habitans de Dionais, & de Beaufort, dépendans de l'Abbaye de S. Antoine, la décharge tous les Droits, dont
ils pouvoient être tenus envers lui. Les Lettres sont adressées à l'Abbé de S. Antoine, Humbert de Brion ; que le
Prince qualifie de son cher & fidéle Conseiller, & dai-

(*a*) C'étoit Arthaud de Grandval.

F

gne rappeller les services, qu'il en a reçûs.... *Nec non ob favorem & contemplationem Reverendi Patris in Christo & dilecti ac fidelis CONSILIARII nostri, Abbatis prædicti Sancti Antonii, etiam consideratis bonis gratuitis, & laudabilibus servitiis, per ipsum nobis impensis.*

Le 11. Juin 1463. par Lettres Patentes du même Prince, les Habitans de Dauphiné furent confirmés dans le droit de chasser & de pêcher : Elles furent portées à la Cour Souveraine de la Province, (qui venoit d'être érigée en Parlement en 1453.) pour y être entérinée : Et au nombre des Conseillers, qui rendirent l'Arrêt, on voit le nom de l'Abbé de S. Antoine, Benoit de Montferrand.... *Ipsoque in deliberatione Curiæ Parlamenti Delphinalis præsente, in quâ erant Domini subnominati .... datum Gratianopoli die 21. mensis Septembris, anno Domini 1463. per Dominum Gubernatorem ad relationem Curiæ, in quâ erant Reverendi in Christo Patres Domini Gratianopolitanus, & Tricastinensis Episcopi, ABBAS SANCTI ANTONII, Petrus Gruelly, Præsidens,* &c. Cet Arrêt est rapporté par M. Denis Salvaing de Boissieux dans son Traité de l'Usage des Fiefs, *chap.* 37. *page* 220. de la prémiere partie, édition de Grenoble en 1731.

En 1472. l'Abbé de S. Antoine (a) obtint de Loüis XI. la permission de faire foi & hommage, à cause des biens nobles de son Abbaye, devant le Gouverneur de la Province : Dans les Lettres, qui en furent dressées, datées du 7. Mai 1472. l'Abbé de S. Antoine est qualifié de Conseiller en trois différens endroits. *L'humble supplication de nôtre Amé & Féal Conseiller l'Abbé..... audit Abbé nôtre Conseiller .... sur ce, à nôtredit Conseiller suppliant.*

Le même Abbé de S. Antoine est rappellé en qualité de Conseiller, dans un Arrêt du Parlement de Dauphiné, rendu le 15. Juillet 1473. pour régler les Plaids dûs au Monastère de S. Just en Royans.... *Visis in Curiâ Parlamenti, in quâ erant Reverendus in Christo Pater Dominus ABBAS SANCTI ANTONII, Viennensis Diocesis, P. Gruelly, Præsidens,* &c.

(a) C'étoit pour lors Jean Joguet.

En 1475. Loüis XI. accorda au Sieur Falco de Mont-chenu, & à sa Femme, une pension de 600. liv. tour-nois ; & par d'autres Lettres Patentes, il lui fit encore don de plusieurs Terres, & Châteaux. Ces deux pièces, adressées à la Cour de Parlement de Grenoble, y furent portées le 5. Avril 1476. pour y être enrégistrées. L'Abbé de S. Antoine (*a*) se trouve au nombre des Conseillers qui rendirent les Arrêts d'enregistrement. *Datum . . . . . die* 5. *mensis Aprilis* 1476. *per Dominum Gubernatorem R. D. Jo : Episcopo Ebroïcense Regio : Joanne ABBATE SANCTI ANTONII, Delphinatus: Petro Gruelly, Præsidente*, &c.

Charles VIII. voulant récompenser le mérite de Pier-re de l'Aire, Grand Prieur de l'Ordre de S. Antoine, le fit Conseiller au Parlement de Grenoble, avec attribution *des honneurs, prérogatives, prééminences, libertés, gages, droits, profits & émolumens accoûtumés, & qui y appartiennent.* (*b*) Ses provisions sont du 28. Juillet 1490.

Par la Chronologie des Abbés de S. Antoine, on voit qu'en cette même année 1490. Antoine de Roquemaure avoit déja été élû Abbé Général de l'Ordre ; il ne prit point de provisions de Conseiller, non plus que ses Pré-décesseurs ; cependant quoique ces Lettres de Charles VIII. ne regardassent uniquement que Pierre de l'Aire : quoi-qu'il n'y fut fait aucune mention de l'Abbé de S. An-toine ni directement, ni indirectement ; le Parlement voulant que tout le monde sçût que cet Abbé étoit Con-seiller né, & indépendamment des Lettres accordées au Grand Prieur, qui étoit en même-tems son Vicaire Gé-néral ; le Parlement, dis-je, sans en être requis, & de son propre mouvement, le reconnoît pour Conseiller né, à cause de sa qualité d'Abbé de S. Antoine.

Cela paroît par l'Arrêt d'enrégistrement dont voici les termes . . . . *quarum (Litterarum) tenore considerato, & at-tendendo, quod Curia ipsa est plenè informata, quod Serenissi-mus Princeps Rex Delphinus Dominus noster, suo motu, Reve-*

(*a*) C'étoit encore Jean Joguet.
(*b*) Ce sont les termes des Lettres Patentes.

F ij

*rendum Dominum ABBATEM SANCTI ANTONII,
nec non & præfatum Dominum impetrantem, appunctuando supar
dicta Abbatia, Consiliarios Regios & Delphinales creavit : ob
id ipsa Curia, in quâ erant Domini ipsius subscripti præfatum
de Area impetrantem, ad juramentum per Consiliarios Delphinales solitum præstari, admisit, & admittit : qui de Area, illicò
ipsum juramentum in eadem Curia præstitit.* (*a*) Par cet Arrêt qu'on doit regarder, comme une espéce d'Acte de no-
toriété, le Parlement déclare, qu'il est pleinement infor-
mé des Droits de l'Abbé de S. Antoine : Il le reconnoît
sans Lettres, sans Provisions, comme l'un de ses Membres, qui, par sa seule dignité d'Abbé de S. Antoine,
a le Droit de siéger, en qualité de Conseiller né.

Après la mort d'Antoine de Roquemaure, ce même
Pierre de l'Aire fut élu Abbé Général : Et en cette qualité, il rendit au Roi la foi & hommage qu'il lui de-
voit, à cause de la temporalité de son Abbaye : & dans
l'Acte de réception en foy, qui est du 23. Novembre
1493. le Roi qualifie l'Abbé de S. Antoine de *son Amé
& Féal Conseiller*, Frere Pierre de l'Aire, Abbé des Ab-
bayes de M. Saint Antoine en Viennois, & S. Pierre de
Montmajour en Provence.

43.
Raisons qui dispensent l'Abbé de S. Antoine, de produire un plus grand nombre de Titres.
Voilà les Titres que l'Abbé de S. Antoine est en état
de produire, pour prouver, que la qualité de Conseiller
né au Parlement de Grenoble, est attachée à son Siége :
Ils font clairs & précis : On y voit une possession cons-
tante, reconnue par nos Rois, & par le Parlement lui-
même dans une infinité d'Actes. On en pourroit sans
doute produire un bien plus grand nombre, si l'Abbaye
de S. Antoine n'avoit pas été brûlée & ravagée plusieurs
fois. 1º. En 1422. Les Lettres Patentes de Charles VII.
du 26. Décembre 1424. qu'on a citées, en font foy. 2º.
En 1562. par les Calvinistes. 3º. En 1567. par les mêmes Hérétiques. La plûpart des Papiers & des Documens
de l'Abbaye, furent la proye du feu en cette occasion.

(*a*) Cet Arrêt & le précédent ont été rendus à la Guillotiére, l'un des
Fauxbourgs de Lyon, dans le Mandement du Lieu dit en Beschevelin.

Cela eſt juſtifié par une Enquête dreſſée & atteſtée par toute la Nobleſſe du Païs, du prémier Mai 1576, cette piéce eſt dans les Archives de l'Abbaye de S. Antoine.

D'ailleurs, comme il s'agit ici, d'un Droit purement facultatif, qui conſiſte, dans la liberté de prendre ſéance au Parlement de Grenoble, ou de s'en abſtenir; on ne doit pas trouver étrange, que les Abbés de S. Antoine y ayent paru plus rarement dans certains tems, que dans d'autres. Le Titre primordial de l'Erection du Conſeil Delphinal, qui a été enſuite érigé en Parlement, s'explique très claírement ſur cet article. Il nomme pour prémier Conſeiller l'Abbé de S. Antoine; mais il lui permet de s'abſenter du Conſeil, ainſi qu'à Humbert de la Beaume, toutes & quantes fois ils le jugeront à propos. *Duximus ordinandos in ſpeciales noſtros CONSILIARIOS Reverendum in Chriſto Patrem Dominum G. ABBATEM SANCTI ANTONII, & Venerabilem Fratrem Humbertum de Balma, Præceptorem S. Pauli, ſi & quando, ſibi placuerint intereſſe.*

En effet l'intention du Prince, en choiſiſſant l'Abbé de S. Antoine pour Chef de ſon Conſeil, n'a pas été de lui faire abandonner le ſoin du gouvernement de ſon Ordre : il ſeroit incompatible avec l'emploi de Conſeiller, ſi cet Abbé ſe trouvoit obligé par-là, d'aſſiſter toûjours au Parlement : ainſi quand on ſuppoſeroit que les Abbés de S. Antoine n'ont pas exercé leur droit de ſéance depuis Pierre de l'Aire, qui mourut le 2. Janvier 1495. (ſuppoſition néanmoins, qui n'eſt fondée que ſur le défaut des Titres, qui ont été détruits ou diſperſés, dont on découvrira peut-être des traces dans la ſuite des tems, & auſquels on pourroit ſans doute ſuppléer dès à préſent, ſi l'on avoit la liberté, de conſulter les Régiſtres du Parlement, & ceux de la Chambre des Comptes.) Il ne s'enſuivroit pas delà, que le droit des Abbés de S. Antoine fut devenu caduque ; car outre qu'un droit de cette nature n'eſt pas ſujet à preſcription, comme on vient de l'obſerver, les Abbés de S. Antoine, péuvent avoir eu des raiſons ſi fortes & ſi preſſantes, de ne pas entrer au Parlement, que, bien loin

d'infirmer leur droit fous ce prétexte, on ne peut au contraire leur refufer les éloges, qu'ils ont juftement méri-
tés, pour avoir préféré à l'honneur de fiéger dans la Cour
Souveraine de la Province, des devoirs plus importans.
Cependant on verra dans la fuite de ce Mémoire, qu'ils
ont continué à être qualifiés du titre de *Confeillers*.

Ces principes font inconteftables : mais pour démontrer la juftefte de leur application, il fuffira, de décrire en
peu de mots, les occupations indifpenfables des Succeffeurs de Pierre de l'Aire. Lorfqu'on fera inftruit de la
fituation, où ils fe font trouvés, on conviendra aifément,
qu'elle ne leur permettoit guéres, d'affifter aux Affemblées
du Parlement de Dauphiné.

En 1495. Pierre de l'Aire eut pour Succeffeur, Théodore de S. Chaumont, qui ne réfida pas en fon Abbaye.
Aimar Falco, fon contemporain, témoigne dans l'Hiftoire
Antonienne, *part.* 4. *c.* 35. *fol.* 105. *verfo*, qu'on lui a
reproché ce défaut de réfidence, dès fon vivant. *Culpatus
eft*, dit il, *quod à fuo Monafterio remotiùs ageret, minimè-
que in eo refideret, quodque fapiùs (delegatâ aliis curâ) Generalibus Capitulis nequaquam fuam præfentiam exhiberet.* Ce
n'eft point l'Hiftorien qui parle en cet endroit : il ne fait
que rapporter les plaintes de quelques Religieux de l'Ordre : il dit au contraire qu'il ne peut s'empêcher de louer,
& d'admirer les fublimes qualités de ce grand Homme,
& d'avoir une profonde vénération pour fa mémoire. *Ego
certè egregias illius virtutes, fummo femper dignas præconio ju-
dicabo, celebremque illius memoriam, perpetuò fufpiciam, atque
venerabor.* En effet le reproche étoit injufte ; parceque Théodore de S. Chaumont, ne demeuroit hors de fon Abbaye, que
par l'ordre du Souverain Pontife, & du Duc de Lorraine, dont il étoit le prémier Miniftre. Il avoit été nommé Commiffaire Apoftolique, contre les Hérétiques qui
déchiroient la Lorraine, & les trois Evêchés, par les fac-
tions, qu'y excitoient leurs Dogmes pernicieux. Dom Calmet, qui a donné depuis peu l'Hiftoire de ces Païs, dé-
crit les biens admirables, que ce docte Abbé fit dans ces

Provinces, & les perſécutions qu'il y ſouffrit. Il fut fait
Chef du Conſeil d'Etat d'Antoine, Duc de Lorraine &
de Bar. Il fut obligé, de faire pluſieurs voyages à Rome,
& revint enſuite à Nancy, où il mourut au mois de
Décembre 1525.

Antoine de Langeac lui ſucceda le 13. Mai 1526, mais
ſon élection fut conteſtée : & il ne fut, que très-peu de
tems, paiſible poſſeſſeur de ſon titre d'Abbé.

Jacques de Joyeuſe fut élu à ſa place en 1537. & mou-
rut le 29. Juin 1542. il réüniſſoit à la qualité d'Abbé de
S. Antoine celle de Doyen de la Cathédrale du Puy ſa
Patrie, où il réſida preſque toûjours.

Le 13. Août 1542. on choiſit pour Abbé de S. Antoine François de Tournon, Religieux de l'Ordre : on ſçait
aſſés, à quelles hautes dignités ce Prélat fut élevé. Cardinal ; Archevêque ; Ambaſſadeur en Eſpagne, en Italie,
en Angleterre ; Gouverneur du Lyonnois, Forêts & Beau-
jollois ; Lieutenant Général & Surintendant pour le Roi,
dans les Provinces d'Auvergne, de Dombes, de Dauphiné, Languedoc, Provence, Bourgogne ; Prémier Miniſtre
ſous François I. Miniſtre d'Etat ſous les Rois Henri I I.
François I I. Charles I X. De tels emplois ne lui permirent
pas de réſider en Dauphiné, & l'obligérent même, dans
la ſuite, à ſe démettre de l'Abbaye de S. Antoine.

Cette démiſſion donna lieu, en 1562. à l'élection de
Louis de Langeac, lequel mourut à Paris le 24. Septem-
bre 1597. Chorier dans ſon Nobiliaire ou état Politique de
Dauphiné, Edition de Grenoble, en 1697. *tome* 2. *pa-*
ge 319. atteſte qu'il ne réſida pas dans ſon Abbaye à
cauſe des troubles que les Calviniſtes cauſoient alors dans
la Province. C'eſt ſous ſon Gouvernement, que la Ville
de S. Antoine fut ravagée, l'Egliſe pillée, l'Abbaye rui-
née, ſes Bâtimens incendiés, ſes Biens uſurpés, & les
Supérieurs de l'Ordre diſperſés. Cependant il eſt qualifié
de Conſeiller, dans quatre Actes différents que le tems
a conſervé, & dont on a les originaux.

1°. Dans une Sentence arbitrale, en forme autentique,
du 11. Août 1578.

2°. Dans un Compromis, fait entre cet Abbé, & les Chanoines de son Abbaye, passé pardevant deux Notaires, à Paris le 19. Mars 1584.

3°. Dans un autre Acte passé en son Nom, pardevant deux Notaires, à Troyes le 16. Avril 1584.

4°. Dans une Procuration, passée aussi à Troyes, pardevant Notaires, le 26. Mai de la même année 1584.

Louis de Langeac fut remplacé par Antoine Tolosani, qui ne fut occupé qu'à prêcher, & à écrire contre les Calvinistes de Dauphiné, & qui mourut le 12. Juillet 1615.

Antoine Brunel de Grammont fut mis à sa place : il fut particuliérement attaché à Louis XIII. qui le fit Conseiller d'Etat, par un Brevet du 9. Février 1619. & son Aumônier ordinaire, par un autre Brevet du 6. Avril suivant. Il s'appliqua principalement, comme on l'a dit ailleurs, à établir la Réforme de son Ordre, dont son Prédécesseur avoit posé les prémiers fondemens. On sçait que ces sortes d'entreprises demandent un homme tout entier. Le succès dont les soins de l'Abbé de Grammont furent suivis, montre avec quel zéle il s'employa à cet ouvrage : il mourut en 1632.

44.
Le droit de Séance au Parlement de Grenoble a été confirmé aux Abbés de S. Antoine, avec d'autres, par Lettres Patentes de Louis XIII. en 1636.

En 1636. le Roi Louis XIII. accorda aux Abbés de S. Antoine, la confirmation de *tous les droits, préséances, & prérogatives, dont ils avoient accoutumé de joüir* : Il n'y a pas de doute, que le droit de siéger au Parlement de Grenoble, ne soit compris sous ces termes généraux, quoiqu'il n'y soit pas notamment exprimé, comme le droit de présider aux Etats : on a pris cette précaution à l'égard de la derniere prérogative ; parce qu'elle est, sans contredit, la plus considérable, dont les Abbés de S. Antoine ayent jamais été honorés. A l'égard de la séance au Parlement, si l'on prétend, qu'elle ne peut être censée confirmée, sous les termes généraux dont le Prince s'est servi ; nous demandons quels sont donc les Droits, les préséances, les prérogatives, à qui ces termes peuvent être appliqués ? car certainement ils ont quelque objet ; & l'on n'oseroit dire que le Prince n'accorde rien, quand

il

il déclare lui-même, qu'il accorde quelque chose. Mais par la raison même que le Roi ne spécifie en détail aucun des priviléges, & des prérogatives de l'Abbé de S. Antoine, dans la confirmation dont il s'agit ; par cette raison, dis-je, il les comprend tous, & n'en exclud aucun. Ainsi, comme il est certain, que les Abbés de S. Antoine ont été en possession de la séance, au Parlement de Dauphiné ; il est également certain, que ce Droit leur a été confirmé par les Lettres Patentes de Loüis XIII. données au mois d'Octobre 1636. on en a rapporté l'extrait ci-devant au N°. 34.

Il ne tenoit donc qu'aux Abbés de S. Antoine de prendre place au Parlement de Dauphiné, en vertu de leurs Titres primordiaux, & de la nouvelle confirmation accordée par Loüis XIII. On ne sauroit prouver qu'ils ne l'ont point fait ; au contraire toutes les apparences décident en leur faveur. On en trouveroit sans doute les preuves dans les Archives de l'Abbaye de S. Antoine, si elles n'avoient pas été incendiés ; & dans les Registres du Parlement & de la Chambre des Comptes, si l'on pouvoit les consulter librement. Il est même certain que les Abbés de S. Antoine n'ont pas cessé de prendre le titre de *Conseillers*, comme il est prouvé par les pieces rapportées ci-devant.

45.
Suite des raisons, qui ont empéché les Abbés de S. Antoine, d'exercer le Droit de séance, pendant quelque tems.

Mais quand on supposeroit, qu'ils se sont abstenus pendant un tems, de paroitre au Parlement; que pourroit-on conclure delà à leur préjudice ? il s'agit ici, on le répéte, d'un Droit facultatif, dont on peut user, ou ne pas user sans conséquence. C'est ainsi qu'un homme, qui a la liberté d'élever sa Maison autant qu'il voudra, ne peut pas être privé de ce Droit, sous prétexte qu'elle n'a point été élevée, ou qu'elle est même restée par terre pendant cent ans, pendant deux cens ans. Il faudroit pour l'en priver, & pour donner cours à la prescription, que la puissance légitime lui eut fait des inhibitions expresses, d'élever sa Maison : Et ce ne seroit que depuis l'époque de ces inhibitions, que la prescription pourroit avoir cours. *Gotef. ad L.* 1. *verbo veterem C. D. servit. & æqu.* Or les Rois Dauphins n'ont jamais révoqué le Droit, que

G

les Abbés de S. Antoine ont de siéger au Parlement de Grenoble ; on ne peut donc pas leur opposer le laps de tems, ou le non - usage. La prescription, fut-elle prouvée évidemment, n'a pas de prise sur eux, dans la matiére que nous traitons.

D'ailleurs comme les Abbés de S. Antoine ont eû des raisons légitimes, pour ne pas user de leur Droit, avant les Lettres Patentes de 1636. ils en ont eû de semblables, & même de plus fortes, pour ne pas l'exercer dans les années suivantes.

Ce ne fut qu'en la même année 1636. que la réforme, dont on a parlé, commença à être autorisée. Il fallut, pour l'établir solidement, introduire une nouvelle discipline. Ce changement excita des divisions. Il y eut bien des Interregnes. La forme du Gouvernement varia plusieurs fois : Et elle n'est devenue stable qu'en 1704. par des Réglemens, appellés *pacta conventa*, qui furent approuvés par les deux puissances, & enrégistrés dans toutes les Cours, où cette formalité étoit nécessaire. Parmi ces agitations, les Abbés de S. Antoine pouvoient-ils songer, à exercer leurs Fonctions de Conseillers au Parlement de Grenoble.

46.
On ne pourroit opposer à l'Abbé de S. Antoine aucune raison légitime, pour lui refuser l'entrée au Parlement de Dauphiné, s'il se présentoit aujourdhui pour y siéger.

Maintenant que l'Ordre de S. Antoine joüit, graces au Ciel, d'une profonde paix, qui est le fruit des soins infatigables de son illustre Chef ; quel inconvénient y auroit-il, qu'il se présentât aujourdhui, pour occuper dans le Parlement de Grenoble, la Place honorable, que les Princes Dauphins, & les Rois de France ont accordée à ses Prédécesseurs, & que ceux ci ont remplie si souvent ? Il n'en est qu'un sans doute, qu'on puisse probablement supposer ; ce seroit de la part de Messieurs du Parlement, quelque répugnance à laisser prendre à l'Abbé de S. Antoine un rang, dont ils ne l'ont point encore vû en possession.

On avoüe que cet obstacle paroîtroit considérable, si l'on présumoit moins de la Justice, & de l'équité de cet auguste Compagnie ; mais il n'est pas permis de lui attribuer aucune répugnance, dans le cas présent, qui ne soit fondée sur des motifs solides, & sans réplique. Or l'on croit pouvoir

avancer, qu'il n'en eſt point de légitimes, qui s'oppoſent à
la prétention de l'Abbé de S. Antoine. On va eſſayer de le
prouver, & c'eſt par là qu'on terminera ce Mémoire.

Dira t-on que ce ſeroit une nouveauté, de voir l'Abbé de
S. Antoine prendre ſéance au Parlement ? Mais peut on ap-
peller nouveauté, l'exercice d'un Droit auſſi ancien & auſſi
bien prouvé que le ſien, puiſqu'il remonte, même au-delà de
la création du Conſeil Delphinal, d'où le Parlement tire ſon
origine ? On a montré, que le non-uſage, quand même il ſeroit prouvé, & quelque long qu'il pût être, ne ſçauroit préjudicier aux Abbés de S. Antoine ; parce qu'ils n'étoient pas
tenus, d'uſer perpétuellement de ce Droit purement facultatif ; ils l'auroient donc conſervé, lors même qu'ils n'auroient pas ſiégé : Ces régles ne ſont pas nouvelles : Ce n'eſt
donc pas une nouveauté de s'y conformer.

47.
Ce ne ſeroit
pas une nou-
veauté.

Le Parlement de Paris les a ſuivies, ces régles ; lorſqu'il
reçût en 1716. M. l'Abbé d'Auvergne, (a) comme Abbé
de Clugny, en qualité de Conſeiller né, avec voix déliberative, ſans aucunes nouvelles Lettres Patentes, quoi-
qu'il y eut plus de deùx ſiécles, comme il paroît par le
diſcours, que M. le Prémier Préſident de Memes lui adreſ-
ſa, que les Abbés de Clugny euſſent négligé d'uſer de leur
Droit. Voici les termes dont ſe ſervit M. le Prémier
Préſident.

M. Je ne ſerai pas déſavoüé de vous dire, que c'eſt avec bien
de la ſatisfaction, que la Compagnie vous voit en une Place,
que vos Prédéceſſeurs, en la dignité d'Abbés de Clugny, avoient
négligée depuis plus de deux ſiécles. (b)

Cet exemple prouve évidemment, que l'Abbé de S.
Antoine n'a pas beſoin de nouvelles Lettres Patentes, pour
avoir ſéance au Parlement de Dauphiné : En effet on a vû,
que les Succeſſeurs de Bertrand Mitte ont ſiégé, ſans
qu'on les ait jamais obligés de prendre cette voye.

Si l'on objecte ; qu'en admettant l'Abbé de S. Antoine,
on ne pourra pas refuſer la même Place au Commandeur

48.
Cet exem-
ple ne pour-
roit point ti-
rer à conſé-
quence.

(a) Aujourdhui Cardinal & Archevêque de Vienne.
(b) Extrait des Régiſtres du Parlement de Paris du 23. May 1716.

de S. Paul, qui est nommé comme lui, dans la Chartre d'érection ; qu'il faudra pareillement recevoir les autres Généraux d'Ordre de la Province : que le Grand Prieur de S. Antoine aspirera aussi à la séance, à l'exemple de Pierre de l'Aire, son Prédécesseur.

Il est aisé de répondre, que les personnes dont on vient de parler, ne peuvent tirer aucun avantage de l'exemple de l'Abbé de S. Antoine, pour être reçûs au Parlement de Dauphiné, en qualité de Conseillers nés.

1°. Le Commandeur de S. Paul est désigné par nom & surnom, dans le titre de création du Conseil Delphinal ; ce qui fait voir, que la concession étoit personnelle, à l'égard de *Humbert de la Beaume*, (*a*) au lieu que l'Abbé de S. Antoine n'y est désigné, que par sa qualité ; ce qui montre, que la Place de Conseiller est attachée à sa dignité. C'est pour cela que les Successeurs de cet Abbé ont effectivement siégé au Parlement de Dauphiné, comme il est prouvé par une infinité d'Actes : Mais les Commandeurs de S. Paul, Successeurs de *Humbert de la Beaume*, ne l'ont pas fait, & n'avoient pas droit de le faire.

2°. Les Généraux d'Ordre de la Province, autres que l'Abbé de S. Antoine, peuvent encore moins que le Commandeur de S. Paul, prétendre à la séance. Ils n'ont ni Titres, ni possession.

3°. Les Grands Prieurs de l'Ordre de S. Antoine ne sçauroient non plus s'autoriser, par l'exemple d'un seul de leurs Prédécesseurs, dont les Lettres sont personnelles.

Il n'en est pas de même de l'Abbé de S. Antoine. On a fait voir, que la qualité de Conseiller au Parlement de Grenoble a été attachée à son Siége, & non à sa Personne : Cela est prouvé par la Chartre du Dauphin Humbert : C'est en vertu de cette concession, que les Successeurs de Guillaume Mitte, troisiéme Abbé de S. Antoine, ont pris Place dans le Parlement, sans qu'il leur ait jamais été donné aucunes Lettres Patentes, que celles de Charles VI.

49.
Les Abbés de S. Antoine n'ont siégé au Parlement de Dauphiné, qu'en cette qualité, & non comme Conseillers d'État, comme Ministres d'État, ou

(*a*) Voyés le N°. 32.

en 1382. lefquelles font une fimple confirmation, du droit ^{comme Am-} acquis à l'Abbé de S. Antoine, par l'érection du Confeil ^{baſſadeurs.} Delphinal. On a indiqué au N°. 41. les raifons, qui enga- gérent Bertrand Mitte, à demander ces nouvelles Lettres. A quoi l'on peut en ajoûter une autre ; fçavoir, que dans la Tranflation, qui fe fit vers l'an 1340. du Confeil Delphi- nal, de S. Marcellin à Grenoble, on oublia de faire men- tion de l'Abbé de S. Antoine ; c'eſt pourquoi il étoit né- ceſſaire, pour réparer cette omiſſion, que cet Abbé ob- tint de nouvelles Lettres.

En vain alléguerоit-on, que les Abbés de S. Antoine ont fiégé au Parlement de Dauphiné, ou comme Miniſ- tres d'Etat, ou comme Conſeillers d'Etat, ou comme Am- baſſadeurs. Il eſt vrai que pluſieurs d'entr'eux ont été ho- norés de ces importans emplois ; mais il en eſt auſſi, qui, fans avoir reçû du Souverain ces illuſtres marques de fa confiance, ont été admis au Parlement de Dau- phiné, comme Conſeillers nés : Tels font Bertrand Mit- te, Antoine & Humbert de Brion, &c. D'ailleurs, quand même tous ces Abbés auroient été Miniſtres, Conſeillers d'Etat, ou Ambaſſadeurs, ces Titres éminens devroient- ils anéantir le Droit prouvé, qu'ils avoient à la féance du Parlement de Dauphiné, par la Chartre de 1337.

On ne peut pas dire non plus, que les Abbés de S. Antoi- ^{50.} ne ayent eû la féance, en vertu de quelques Commiſſions ^{Ils n'ont} particuliéres du Prince. Car fi cela étoit, il en feroit fait ^{pas fiégé, en} mention dans les Arrêts, où les Abbés de S. Antoine ont ^{vertu de quel-} opiné ; c'eſt ce qu'on ne trouvera point. Cette objection ^{ques Commif-} n'auroit aucune force ; parce qu'elle eſt dénuée de preu- ^{fions particu-} ves ; & qu'il n'eſt point de Droit fi bien établi, qui ne ^{liéres.} devînt caduque, à l'ombre d'un pareil raiſonnement.

On ne feroit pas mieux fondé à prétendre, qu'en ac- ^{51.} cordant à l'Abbé de S. Antoine la voix inſtruĉtive, on pour- ^{Ils ont droit} roit lui refufer la voix délibérative : Les mêmes Titres, ^{à la voix dé-}^{libérative,} qui lui donnent l'une, lui donnent auſſi, & emportent ^{comme à la} néceſſairement l'autre. On n'a qu'à relire la Chartre de ^{voix inſtruc-}^{tive.} 1337. & les Lettres Patentes de Charles VI. de 1382.

Dans les Arrêts du Parlement de Grenoble, rendus avec l'assistance des Abbés de S. Antoine, il n'y a rien, qui indique, que ces Abbés n'ont eû que la voix instructive : Et d'ailleurs le Droit de ces Abbés est tout semblable à celui de M. l'Evêque de Grenoble. Or il est constant que M. l'Evêque de Grenoble a la voix déliberative ; il n'y a donc aucune raison, pour la refuser à l'Abbé de S. Antoine.

52.
Ils pourroient prétendre les mêmes émolumens que les autres Conseillers,

Il y a plus : non-seulement les Abbés de S. Antoine ont droit de siéger au Parlement de Dauphiné, avec voix déliberative ; mais ils pourroient encore prétendre aux Droits & émolumens, que perçoivent les autres Conseillers. Car il est certain, que les Lettres de Charles VI. accordées à Bertrand Mitte, en font une mention expresse. (*a*) Mais, dira-t-on, il n'est pas question de ces émolumens, dans l'enrégistrement des mêmes Lettres. On peut répondre, que les Arrêts d'enrégistrement ne contiennent pas toûjours, toutes les clauses & toutes les circonstances du Privilége du Prince. La Cour est censée accepter ces clauses, dès qu'elle enrégistre les Lettres sans limitation ni restriction. Mais cet article ne fera jamais de difficulté ; parceque l'on est persuadé, que l'Abbé de S. Antoine renonceroit volontiers, aux émolumens, content des honneurs, qui sont inséparables de la séance.

53.
Il seroit aisé, en les recevant, de régler le Rang, qui leur convient.

On demandera peut-être ici quel est le Rang, qu'on donneroit à l'Abbé de S. Antoine, s'il étoit reçû aujourd'hui comme Conseiller né : Cette question n'est pas capable d'arrêter les personnes, qui aiment à suivre les Loix que l'équité prescrit ; car les Titres, que l'Abbé de S. Antoine produit, lui donnent la séance immédiatement après M. l'Evêque de Grenoble. Si dans la suite il arrivoit quelque contestation sur le Rang, ce seroit une difficulté à vuider entre les Contendans ; laquelle ne touche en rien à la question présente.

A l'égard de M. M. les Doyen & Conseillers, ce seroit parler improprement, que de dire, qu'ils seroient reculés, par l'entrée de l'Abbé de S. Antoine au Parlement ; par-

(*a*) Voyés l'Extrait de ces Lettres au Nº. 47.

ceque, felon le Titre de création, cet Abbé doit fiéger avant eux : Ce n'eft pas reculer, que de ne pas avancer au-delà des bornes, où l'on a été placé par l'inftitution primordiale.

Voilà toutes les difficultés, que l'on a pû prévoir ; & l'on croit y avoir pleinement fatisfait. On fe contentera d'obferver en finiffant, que les Parlemens de Paris, de Touloufe, de Bourgogne, &c. voyent fiéger avec plaifir les Abbés de Clugny, de S. Sernin, de Cifteaux, comme les prémiers Abbés de leur reffort ; pourquoi le Parlement de Grenoble ne verroit-il pas, du même œil, fiéger l'Abbé de S. Antoine, qui certainement eft le prémier Abbé de fon reffort, qui a toûjours tenu un Rang diftingué dans la Province, par fa feule qualité de Général & de Chef d'un Ordre, qui s'étend dans plufieurs Royaumes étrangers ; dont les Prédéceffeurs, honorés de la faveur & de la confiance de nos Rois, ont été choifis, pour remplir les fonctions les plus importantes, comme de Préfidens aux Affemblées des Etats de Dauphiné ; de Dépofitaires des fermens des Dauphins, & des Gouverneurs de la Province fous nos Rois ; de Miniftres d'Etat ; d'Ambaffadeurs en plufieurs Cours ; de Gouverneurs pour le Roi, en differentes Provinces ; de Confeillers d'Etat & au Confeil privé ; d'Aumôniers de Sa Majefté ; & enfin de prémiers Confeillers au Confeil Delphinal, lors de fon érection ; & enfuite de Confeillers nés au Parlement de Dauphiné, qui eft la qualité, que l'Abbé de S. Antoine eft en droit de réclamer aujourdhui ?

54.
On obferve, que plufieurs Parlemens du Royaume, voyent fiéger avec plaifir les prémiers Abbés de leur reffort.

FIN.

www.ingramcontent.com/pod-product-compliance
Lightning Source LLC
LaVergne TN
LVHW022037080426
835513LV00009B/1107